目次

※（　）の中の漢字は、できかたについて説明しています。

五年生で習う漢字の例文一らん …… 3
例文①〜⑤（永・妻・示・豊・素）…… 7
例文⑥〜⑩（移・因・益・可・規）…… 15
例文⑪〜⑮（解・義・禁・殺・災）…… 23
例文⑯〜⑳（際・賛・支・師・条）…… 31
例文㉑〜㉕（勢・設・断・比・肥）…… 39
例文㉖〜㉚（暴・武・保・夢・綿）…… 47
例文㉛〜㉟（仮・応・過・刊・幹）…… 55
例文㊱〜㊵（基・寄・粉・個・構）…… 63
例文㊶〜㊺（枝・証・責・祖・増）…… 71
例文㊻〜㊿（像・備・液・逆・接）…… 79
のまとめ⑴〜⑻ …… 87
…… 95

本書《ほんしょ》の特長《とくちょう》と使《つか》い方《かた》

あなたは漢字《かんじ》が好《す》きですか？　本書《ほんしょ》は次《つぎ》の四《よっ》つの特長《とくちょう》で、漢字《かんじ》をしっかり学《まな》べるように工夫《くふう》しました。

●例文《れいぶん》の中《なか》で漢字《かんじ》の使《つか》い方《かた》を理解《りかい》できます

漢字《かんじ》は二字《にじ》以上《いじょう》組《く》み合《あ》わせて（熟語《じゅくご》）使《つか》われることが多《おお》いですし、文章《ぶんしょう》の中《なか》で使《つか》えるようにならなければなりません。

この本《ほん》は、その学年《がくねん》で勉強《べんきょう》する漢字《かんじ》を五十《ごじゅう》の例文《れいぶん》の中《なか》に全《ぜん》部《ぶ》入《い》れています。また、例文《れいぶん》は、理科《りか》の勉強《べんきょう》や社会科《しゃかいか》の知識《ちしき》も入《い》れています。わからない言葉《ことば》（熟語《じゅくご》）が出《で》てきたら、国《こく》語辞典《ごじてん》で調《しら》べてみてください。知識《ちしき》がどんどん広《ひろ》がります。

例文《れいぶん》を読《よ》んだり、漢字《かんじ》を書《か》いたりするうちに賢《かしこ》くなっている自分《じぶん》に気《き》がつくでしょう。

●五《いつ》つの例文《れいぶん》を徹底反復学習《てっていはんぷくがくしゅう》で無理《むり》なく定着《ていちゃく》させます

漢字《かんじ》は一度《いちど》書《か》いたり、読《よ》んだりしただけでは覚《おぼ》えられません。この本《ほん》では五《いつ》つの例文《れいぶん》を「三回読《さんかいよ》み」「なぞり」「読《よ》みがな」「解説《かいせつ》」「難《むずか》しい文字《もじ》の書《か》き取《と》り（二回《にかい》）」「全文書《ぜんぶんか》き取《と》り（二回《にかい》）」の順《じゅん》に繰《く》り返《かえ》し練習《れんしゅう》するようにしていますので、無《む》理《り》なく学習《がくしゅう》を進《すす》めることができます。

本書《ほんしょ》はページの順《じゅん》に以下《いか》の使《つか》い方《かた》をしてください。

①例文《れいぶん》を三回《さんかい》読《よ》む。まず、漢字《かんじ》を読《よ》めるようになりましょう。

②漢字《かんじ》をなぞる。漢字《かんじ》をなぞりながら、漢字《かんじ》の形《かたち》・読《よ》み方《かた》を確《たし》かめましょう。

③読《よ》みがなを書《か》く。漢字《かんじ》が読《よ》めるようになったかを確《たし》かめましょう。

④古代文字《こだいもじ》などを楽《たの》しみましょう。古代文字《こだいもじ》やイラストなどの説明《せつめい》を読《よ》んで、漢字《かんじ》のでき方《かた》などを知《し》りましょう。

⑤漢字《かんじ》を書《か》く。ちゃんと漢字《かんじ》の形《かたち》を覚《おぼ》えたか確《たし》かめましょう。

⑥この本《ほん》の終《お》わりに、学年《がくねん》の漢字《かんじ》を全部使《ぜんぶつか》ったテストがあります。そのテストで実力《じつりょく》を確認《かくにん》しましょう。

●手書《てが》き文字《もじ》がお手本《てほん》になります

この本《ほん》では活字《かつじ》ではなく、実際《じっさい》に書《か》くときにお手本《てほん》になるような文字《もじ》を使《つか》っています。なぞったり、見本《みほん》の文字《もじ》として活用《かつよう》してください。

●古代文字《こだいもじ》の解説《かいせつ》があります

漢字《かんじ》は、三千年《さんぜんねん》以上《いじょう》も前《まえ》に中国《ちゅうごく》で作《つく》られました。そして、今《いま》も日本《にほん》や中国《ちゅうごく》で使《つか》われています。漢字《かんじ》は長《なが》い間使《あいだつか》っているうちに、書《か》きやすい字《じ》、速《はや》く書《か》ける字《じ》、美《うつく》しい字《じ》がいろいろ発明《はつめい》されてきました。そうやって、だんだんと字《じ》の形《かたち》が変《か》わってきました。

漢字《かんじ》を勉強《べんきょう》しているあなたに、古代文字《こだいもじ》にふれてもらって、漢字《かんじ》がさらに好《す》きになってもらいたいなと思《おも》って、「漢字《かんじ》のでき方《かた》」のページを作《つく》りました。

「いぬ」の漢字《かんじ》を見《み》てみましょう。古代文字《こだいもじ》では「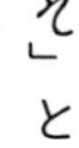」と書《か》きました。犬《いぬ》の形《かたち》がよくわかります。でも、今《いま》の「犬《いぬ》」の方《ほう》が書《か》きやすいですね。「やま」も「」や「」（二字《にじ》とも古代文字《こだいもじ》）より「山《やま》」が書《か》きやすいでしょう。漢字《かんじ》も一字《いちじ》一字《いちじ》、意味《いみ》や読《よ》み方《かた》、書《か》き方《かた》を覚《おぼ》えるための練習《れんしゅう》がとても大事《だいじ》ですが、ときどき、昔《むかし》の字《じ》はどんな形《かたち》だったのだろうと考《かんが》えてみてください。きっと漢字《かんじ》の勉強《べんきょう》が今《いま》までよりもっと楽《たの》しくなりますよ。

桝谷《ますや》 雄三《ゆうぞう》

＊本書の例文は『スピード学習漢字プリント』（桝谷雄三著・フォーラム・A　二〇〇九年）の例文を再編集致しました。

五年生で習う漢字の例文 ①～⑫

① この旧運河《きゅううんが》は、永久《えいきゅう》に保存《ほぞん》される。

② 大学教授《だいがくきょうじゅ》の妻《つま》は、航空機《こうくうき》で講演《こうえん》に出《で》かけた。

③ 政治制度《せいじせいど》の移《うつ》り変《か》わりに興味《きょうみ》を示《しめ》した。

④ 栄養士《えいようし》は豊《ゆた》かな衛生《えいせい》の知識《ちしき》を職務《しょくむ》に生《い》かす。

⑤ 酸素《さんそ》の性質《せいしつ》を確《たし》かめる実験《じっけん》の準備《じゅんび》をした。

⑥ 住居《じゅうきょ》の移転《いてん》と志《こころざし》は別個《べっこ》の問題《もんだい》だ。

⑦ 事故《じこ》の原因《げんいん》が複雑《ふくざつ》で予測《よそく》できなかった。

⑧ 会社経営《かいしゃけいえい》では多額《たがく》の損失《そんしつ》や利益《りえき》が出《で》る。

⑨ 無資格《むしかく》では、鉱物《こうぶつ》の採取《さいしゅ》は許可《きょか》されない。

⑩ 大規模《だいきぼ》な授賞式《じゅしょうしき》に夫《*ふう》婦《ふ》で出席《しゅっせき》する。

⑪ 修飾語《しゅうしょくご》や述語《じゅつご》・接続語《せつぞくご》の内容《ないよう》を理解《りかい》した。

⑫ 財産《ざいさん》を均等《きんとう》に分《わ》ける義務《ぎむ》がある。

※太い字は五年生で習う漢字です。

＊夫《ふう》は中学校で習う読み方です。

五年生で習う漢字の例文 ⑬～㉔

⑬ 危**険**《きけん》を**招**《まね》く行動《こうどう》は、**絶**対**禁**止《ぜったいきんし》です。

⑭ バスの**停留**所《ていりゅうじょ》で、息《いき》を**殺**《ころ》して泣《な》いた。

⑮ **災**害**再**発**防**止《さいがいさいはつぼうし》の**独**自《どくじ》の考《かんが》えを**導**《みちび》き出《だ》した。

⑯ その美**術**館《びじゅつかん》は国**際**的《こくさいてき》に高《たか》く**評価**《ひょうか》された。

⑰ **飼**育委員会《しいくいいんかい》の**提**案《ていあん》に**喜**《よろこ》んで**賛**成《さんせい》した。

⑱ **貧**《まず》しい人々《ひと＊びと》を**救**《すく》うため生活**費**《せいかつひ》が**支**給《しきゅう》された。

⑲ **犯罪**者《はんざいしゃ》は牧**師**《ぼくし》のおかげで**態**度《たいど》を改《あらた》めた。

⑳ **似**顔絵集《にがおえしゅう》の出**版**《しゅっぱん》の**条件**《じょうけん》が整《ととの》った。

㉑ よい姿**勢**《しせい》の習**慣**《しゅうかん》は、近**眼**《きんがん》を**防**《ふせ》ぐ一方法《いちほうほう》だ。

㉒ **団**体《だんたい》の宿**舎**《しゅくしゃ》は、**設備**《せつび》が整《ととの》い**快適**《かいてき》だった。

㉓ **堂**々《どう＊どう》と**規則**《きそく》を**破**《やぶ》るのは、**非**常**識**《ひじょうしき》な**判断**《はんだん》だ。

㉔ **現在**《げんざい》は、半世**紀**前《はんせいきまえ》と**比**《くら》べ多《おお》くの**情報**《じょうほう》がある。

※太い字は五年生で習う漢字です。

＊「々」は同じ漢字を続けて書くときに使う記号で「ノマ」と言います。

五年生で習う漢字の例文㉕〜㊲

㉕ 肥料《ひりょう》を混《ま》ぜて土《つち》を耕《たがや》すと効果《こうか》が高《たか》い。

㉖ 婦人《ふじん》は非常《ひじょう》に大型《おおがた》の台風《たいふう》に備《そな》えた。

㉗ 最大《さいだい》の暴力《ぼうりょく》は、武力《ぶりょく》を使《つか》う戦争《せんそう》です。

㉘ 検査《けんさ》は手《て》を消毒《しょうどく》し清潔《せいけつ》さを保《たも》った中《なか》でする。

㉙ 留学《りゅうがく》の夢《ゆめ》に燃《も》えて、得意《とくい》な技術《ぎじゅつ》をみがく。

㉚ 政府《せいふ》は綿織物《めんおりもの》など紡績《ぼうせき》を厚《あつ》く保護《ほご》した。

㉛ 旧校舎《きゅうこうしゃ》改築《かいちく》のため、仮《かり》の囲《かこ》いを作《つく》った。

㉜ 環境《かんきょう》に適応《てきおう》できない動物《どうぶつ》は、数《かず》が減少《げんしょう》する。

㉝ 銅《どう》の鉱石《こうせき》を精製《せいせい》して、金属《きんぞく》にする過程《かてい》。

㉞ 朝刊《ちょうかん》の新聞広告《しんぶんこうこく》を編集《へんしゅう》するのにも慣《な》れた。

㉟ 新幹線《しんかんせん》で東京《とうきょう》と大阪《おおさか》を往復《おうふく》する。

㊱ 基本的《きほんてき》な機能《きのう》を備《そな》えた防犯《ぼうはん》ブザー。

㊲ 寄付《きふ》に対《たい》する感謝状《かんしゃじょう》を総会《そうかい》でわたした。

※太い字は五年生で習う漢字です。

五年生で習う漢字の例文 ㊳～㊿

※太い字は五年生で習う漢字です。

㊳ **貯**《ちょ》水《すい》池《ち》から**粉**《こな》雪《ゆき》が積《つ》もる山《さん》**脈**《みゃく》が見《み》える。

㊴ 文《もん》**句**《く》でなく、**個**《こ》人《じん》の意《い》見《けん》を主《しゅ》**張**《ちょう》しよう。

㊵ **象**《ぞう》は、**接**《せっ》近《きん》するライオンに身《み》**構**《がま》えた。

㊶ **桜**《さくら》の**枝**《えだ》を折《お》ると、花《か》**弁**《べん》が散《ち》った。

㊷ お金《かね》を**貸**《か》した**証**《しょう》明《めい》書《しょ》を**複**《ふく》写《しゃ》した。

㊸ 高《こう》**税**《ぜい》**率**《りつ》の**責**《せき》**任**《にん》を取《と》って大《だい》**統**《とう》**領**《りょう》は辞《じ》**任**《にん》した。

㊹ **略**《りゃく》図《ず》の順《じゅん》**序**《じょ》で**迷**《まよ》わず先《せん》**祖**《ぞ》の**墓**《ぼ》地《ち》へ。

㊺ **貿**《ぼう》**易**《えき》で**輸**《ゆ》出《しゅつ》が**増**《ぞう》加《か》し、**余**《あま》りがない。

㊻ **歴**《れき》**史**《し》上《じょう》最《さい》古《こ》の木《もく》**造**《ぞう》建《けん》**築**《ちく》の中《なか》に**仏**《ぶつ》**像**《ぞう》がある。

㊼ 予《よ》**備**《び》の工《こう》業《ぎょう》**団**《だん》地《ち》分《ぶん》**布**《ぷ》図《ず》を配《くば》った。

㊽ 食《しょく》塩《えん》の水《すい》よう**液**《えき》もこさに**限**《げん》度《ど》がある。

㊾ 正《せい》**義**《ぎ》に**逆**《さか》らうことは、**賛**《さん》同《どう》できない。

㊿ 低《てい》気《き》**圧**《あつ》が**接**《せっ》近《きん》し、**逆**《ぎゃく》に高《こう》気《き》**圧**《あつ》が遠《とお》ざかる。

例文①〜⑤

文を三回読みましょう

① この旧《きゅう》運《うん》河《が》は、永《えい》久《きゅう》に保《ほ》存《ぞん》される。

② 大《だい》学《がく》教《きょう》授《じゅ》の妻《つま》は、航《こう》空《くう》機《き》で講《こう》演《えん》に出《で》かけた。

③ 政《せい》治《じ》制《せい》度《ど》の移《うつ》り変《か》わりに興《きょう》味《み》を示《しめ》した。

④ 栄《えい》養《よう》士《し》は豊《ゆた》かな衛《えい》生《せい》の知《ち》識《しき》を職《しょく》務《む》に生《い》かす。

⑤ 酸《さん》素《そ》の性《せい》質《しつ》を確《たし》かめる実《じっ》験《けん》の準《じゅん》備《び》をした。

名前

月　日

例文①〜⑤

漢字をていねいになぞりましょう

名前

月　日

① この旧《きゅう》運《うん》河《が》は、永《えい》久《きゅう》に保《ほ》存《ぞん》される。

② 大《だい》学《がく》教《きょう》授《じゅ》の妻《つま》は、航《こう》空《くう》機《き》で講《こう》演《えん》に出かけた。

③ 政《せい》治《じ》制《せい》度《ど》の移《うつ》り変《か》わりに興《きょう》味《み》を示《しめ》した。

④ 栄《えい》養《よう》士《し》は豊《ゆた》かな衛《えい》生《せい》の知《ち》識《しき》を職《しょく》務《む》に生かす。

⑤ 酸《さん》素《そ》の性《せい》質《しつ》を確《たし》かめる実《じっ》験《けん》の準《じゅん》備《び》をした。

例文①〜⑤

漢字に読みがなをつけましょう

名前

月　日

（答え➡7ページ）

① この旧運河は、永久に保存《ぞん》される。

② 大学教授の妻は、航空機で講演に出かけた。

③ 政治制度の移り変わりに興味を示した。

④ 栄養士は豊かな衛生の知識を職務に生かす。

⑤ 酸素の性質を確かめる実験の準備をした。

例文 ①～⑤

漢字のでき方を読みましょう

名前

月　日

【象形《しょうけい》】漢字《かんじ》のでき方《かた》にはいくつかの種類《しゅるい》があります。象形《しょうけい》は、物《もの》や様子《ようす》の形《かたち》から作《つく》る方法《ほうほう》です。山の形《かたち》から↓山、月の形《かたち》から↓月、鳥《とり》の形《かたち》から↓鳥《とり》、象《ぞう》の形《かたち》から↓象《ぞう》などです。

永

ながーい　エイ　末永《すえなが》い　永久《えいきゅう》

川が合流《ごうりゅう》して流《なが》れている様子《ようす》。水の流《なが》れはいつまでも続《つづ》くので、「長《なが》い」ことを表《あらわ》す。時間《じかん》が長《なが》いときに使《つか》う。

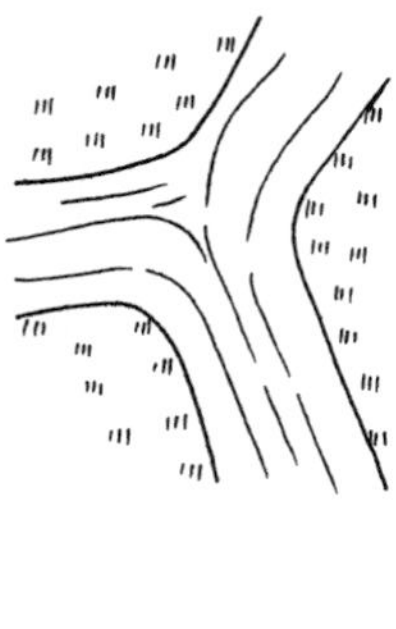

妻

つま　サイ　夫《おっと》と妻《つま》　妻子《さいし》

頭《あたま》の上に三本のかんざしを立てて、それを手で整《ととの》えている女の形《かたち》。結婚式《けっこんしき》のとき、着飾《きかざ》る女の人、妻《つま》のことを意味《いみ》する字。

示

しめーす　ジ　実物《じつぶつ》を示《しめ》す　表示《ひょうじ》

神《かみ》を祭《まつ》るときの机《つくえ》の形《かたち》。神《かみ》のお告《つ》げ、神《かみ》の教《おし》えの意味《いみ》から、示《しめ》す（例示《れいじ》）、教《おし》える（訓示《くんじ》）意味《いみ》に用《もち》いる。

豊

ゆたーか　ホウ　豊《ゆた》かな実《みの》り　豊作《ほうさく》

元《もと》の字は豐で、豆《とう》という食器《しょっき》にキビをたくさん入れてお供《そな》えをしている形《かたち》。それで「多《おお》い・豊《ゆた》か」の意味《いみ》になった。中国《ちゅうごく》の今《いま》の漢字《かんじ》は、豊を略《りゃく》して「丰」。

素

ソ　質素《しっそ》

糸を染《そ》めるときの形《かたち》。糸を染《そ》めるとき、糸束《いとたば》のはしを結《むす》んで液《えき》につけると結《むす》んだ所《ところ》は白いままである。そこを素《もと》と言《い》ったので「もとのまま」の意味《いみ》。

例文①〜⑤ 漢字の練習をしましょう

名前

月　日

（答え➡7ページ）

① この□《きゅう》□《うん》□《が》は、永《えい》久《きゅう》に保《ほ》存《ぞん》される。

② □《だい》□《がく》教《きょう》授《じゅ》の□《つま》は、航《こう》空《くう》機《き》で□《こう》□《えん》に出かけた。

③ □《せい》□《じ》□《せい》□《ど》の移《うつ》り変《か》わりに興《きょう》味《み》を示《しめ》した。

④ □《えい》□《よう》□《し》は□《ゆた》かな衛《えい》生《せい》の□《ち》□《しき》を職《しょく》務《む》に生かす。

⑤ 酸《さん》素《そ》の□《せい》□《しつ》を□《たし》かめる□《じっ》□《けん》の準《じゅん》備《び》をした。

例文①〜⑤

漢字の練習をしましょう

名前

月　日

（答え➡7ページ）

① この旧《きゅう》運《うん》河《が》は、□《えい》□《きゅう》に□《ほ》存《ぞん》される。

② □《だい》□《がく》□《きょう》□《じゅ》の妻《つま》は、□《こう》□《くう》□《き》で講《こう》演《えん》に出かけた。

③ 政《せい》治《じ》制《せい》度《ど》の□《うつ》り□《か》わりに□《きょう》□《み》を□《しめ》した。

④ 栄《えい》養《よう》士《し》は豊《ゆた》かな□《えい》□《せい》の知《ち》識《しき》を□《しょく》□《む》に生かす。

⑤ □《さん》□《そ》の性《せい》質《しつ》を確《たし》かめる□《じっ》□《けん》の□《じゅん》□《び》をした。

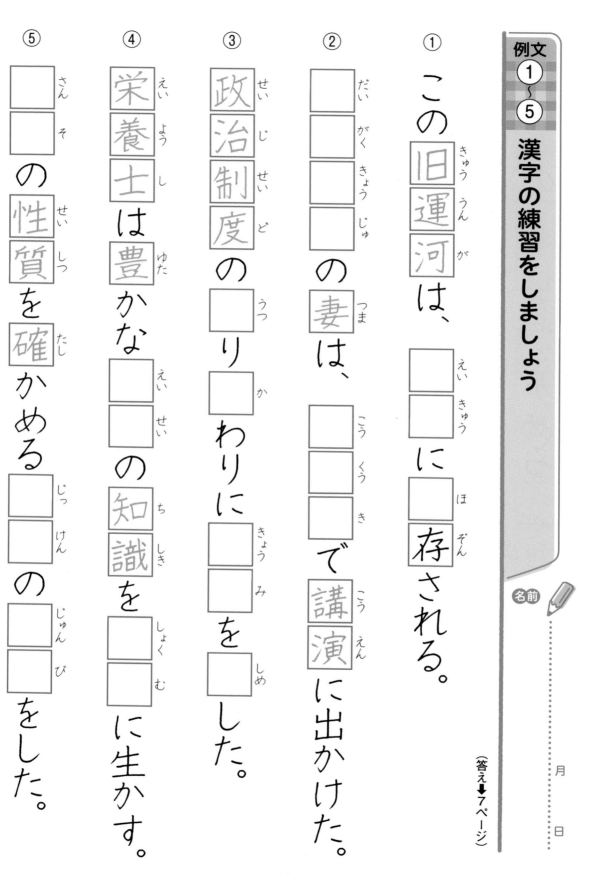

例文①～⑤

漢字を書きましょう

名前

月　日

（答え➡7ページ）

① この□《きゅう》□《うん》□《が》は、□《えい》□《きゅう》に□《ほ》存《ぞん》される。

② □《だい》□《がく》□《きょう》□《じゅ》の□《つま》は、□《こう》□《くう》□《き》で□《こう》□《えん》に出かけた。

③ □《せい》□《じ》□《せい》□《ど》の□《うつ》り□《か》わりに□《きょう》□《み》を□《しめ》した。

④ □《えい》□《よう》□《し》は□《ゆた》かな□《えい》□《せい》の□《ち》□《しき》を□《しょく》□《む》に生かす。

⑤ □《さん》□《そ》の□《せい》□《しつ》を□《たし》かめる□《じっ》□《けん》の□《じゅん》□《び》をした。

例文①～⑤ 漢字を書きましょう

名前

月　日

（答え➡7ページ）

① この□《きゅう》□《うん》□《が》は、□《えい》□《きゅう》に□《ほ》存《ぞん》される。

② □《だい》□《がく》□《きょう》□《じゅ》の□《つま》は、□《こう》□《くう》□《き》で□《こう》□《えん》に出かけた。

③ □《せい》□《じ》□《せい》□《ど》の□《うつ》り□《か》わりに□《きょう》□《み》を□《しめ》した。

④ □《えい》□《よう》□《し》は□《ゆた》かな□《えい》□《せい》の□《ち》□《しき》を□《しょく》□《む》に生かす。

⑤ □《さん》□《そ》の□《せい》□《しつ》を□《たし》かめる□《じっ》□《けん》の□《じゅん》□《び》をした。

例文⑥〜⑩

文を三回読みましょう

⑥ 住居《じゅうきょ》の移転《いてん》と志《こころざし》は別個《べっこ》の問題《もんだい》だ。

⑦ 事故《じこ》の原因《げんいん》が複雑《ふくざつ》で予測《よそく》できなかった。

⑧ 会社《かいしゃ》経営《けいえい》では多額《たがく》の損失《そんしつ》や利益《りえき》が出《で》る。

⑨ 無資格《むしかく》では、鉱物《こうぶつ》の採取《さいしゅ》は許可《きょか》されない。

⑩ 大規模《だいきぼ》な授賞式《じゅしょうしき》に夫婦《ふうふ》で出席《しゅっせき》する。

名前

月　日

例文 ⑥〜⑩ 漢字をていねいになぞりましょう

名前

月 日

⑥ 住居《じゅうきょ》の移転《いてん》と志《こころざし》は別個《べっこ》の問題《もんだい》だ。

⑦ 事故《じこ》の原因《げんいん》が複雑《ふくざつ》で予測《よそく》できなかった。

⑧ 会社経営《かいしゃけいえい》では多額《たがく》の損失《そんしつ》や利益《りえき》が出る。

⑨ 無資格《むしかく》では、鉱物《こうぶつ》の採取《さいしゅ》は許可《きょか》されない。

⑩ 大規模《だいきぼ》な授賞式《じゅしょうしき》に夫婦《ふうふ》で出席《しゅっせき》する。

例文⑥〜⑩

漢字に読みがなをつけましょう

名前

月　日

（答え➡15ページ）

⑥ 住居の移転と志は別個の問題だ。

⑦ 事故の原因が複雑で予測できなかった。

⑧ 会社経営では多額の損失や利益が出る。

⑨ 無資格では、鉱物の採取は許可されない。

⑩ 大規模《ぼ》な授賞式に夫《ふう》婦で出席する。

例文 6〜10

漢字のでき方を読みましょう

名前

月　日

【会意《かいい》】 二つ以上《いじょう》の漢字《かんじ》を意味《いみ》の上から組《く》み合《あ》わせ、新《あたら》しい別《べつ》の漢字《かんじ》を作《つく》る方法《ほうほう》。「木」と「木」を合《あ》わせて「林」など。

移

うつ-る　イ

席《せき》を移《うつ》る　移動《いどう》

禾《いね》＋多《た》。穀物《こくもつ》(禾《いね》)と肉《にく》(夕)をたくさん供《そな》えて、災《わざわ》いが他《ほか》に移《うつ》るように祈《いの》ること。

因

イン

原因《げんいん》

口＋大。ねるときのしきもの（口）の上に大の字にねている形《かたち》。いつもねるときに使《つか》い続《つづ》けるので「たよる・よる」「もと」の意味《いみ》になった。要因《よういん》・因果関係《いんがかんけい》。

益

エキ

利益《りえき》

水＋皿《さら》。皿《さら》の上に水があふれている様子《ようす》。「ます・増加《ぞうか》する」「もうけ」の意味《いみ》に使《つか》う。実益《じつえき》・有益《ゆうえき》。

可

カ

許可《きょか》

𠙵＋丁。元《もと》の字は、祈《いの》りの文を入れた箱《はこ》（𠙵）を木の枝《えだ》（丁）で打《う》ち、神《かみ》に祈《いの》っている形《かたち》。神《かみ》が「よし」と許可《きょか》すること。可決《かけつ》・可能《かのう》。

規

キ

規定《きてい》

元《もと》の字の左は、円をえがくコンパス。円をえがき方《かた》から「はかる・手本」の意味《いみ》になった。

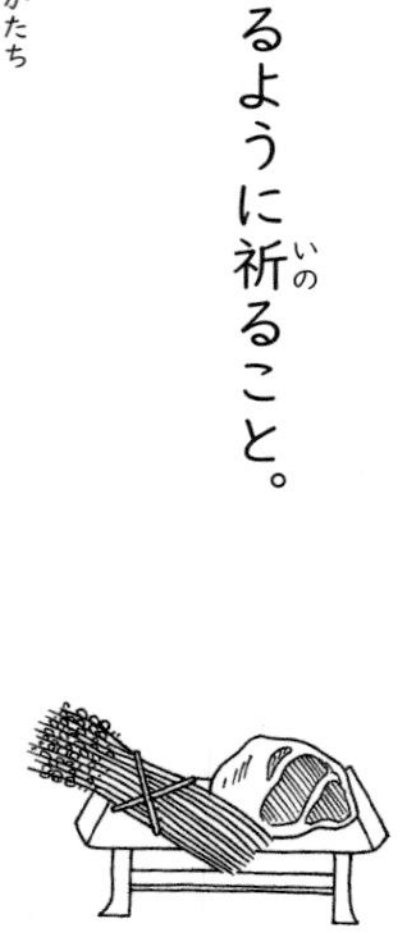

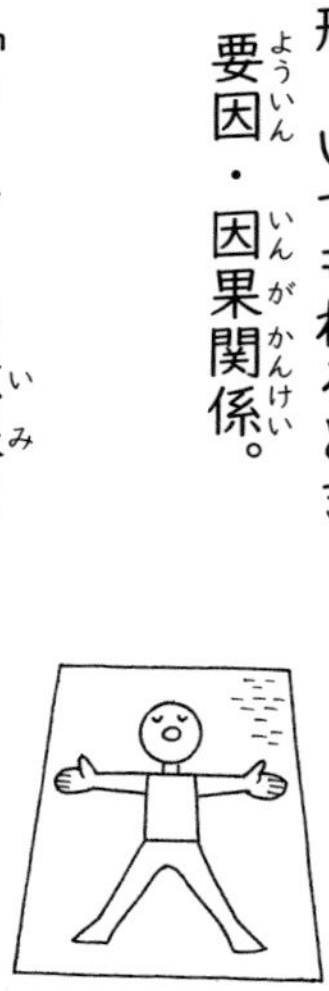

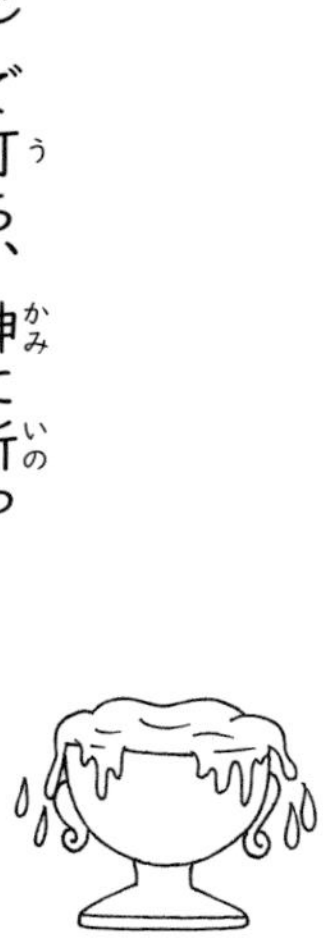

例文⑥〜⑩

漢字の練習をしましょう

名前

月　日

（答え⬇15ページ）

⑥ □《じゅう》□《きょ》の移《い》転《てん》と志《こころざし》は□《べっ》□《こ》の□《もん》□《だい》だ。

⑦ □《じ》□《こ》の□《げん》□《いん》が複《ふく》雑《ざつ》で予《よ》測《そく》できなかった。

⑧ □《かい》□《しゃ》経《けい》営《えい》では□《た》□《がく》の□《そん》□《しつ》や利《り》益《えき》が出る。

⑨ 無《む》資《し》格《かく》では、鉱《こう》物《ぶつ》の□《さい》□《しゅ》は□《きょ》□《か》されない。

⑩ □《だい》□《き》模《ぼ》な授《じゅ》賞《しょう》式《しき》に夫《ふう》婦《ふ》で□《しゅっ》□《せき》する。

例文⑥～⑩

漢字の練習をしましょう

名前

月　日

（答え⬇15ページ）

⑥ 住《じゅう》居《きょ》の□《い》□《てん》と□《こころざし》は別《べっ》個《こ》の問《もん》題《だい》だ。

⑦ 事《じ》故《こ》の原《げん》因《いん》が□《ふく》□《ざつ》で□《よ》□《そく》できなかった。

⑧ □《かい》□《しゃ》□《けい》□《えい》では多《た》額《がく》の損《そん》失《しつ》や□《り》□《えき》が出る。

⑨ □《む》□《し》□《かく》では、□《こう》□《ぶつ》の採《さい》取《しゅ》は許《きょ》可《か》されない。

⑩ 大《だい》規《き》模《ぼ》な□《じゅ》□《しょう》□《しき》に□《ふう》□《ふ》で□《しゅっ》□《せき》する。

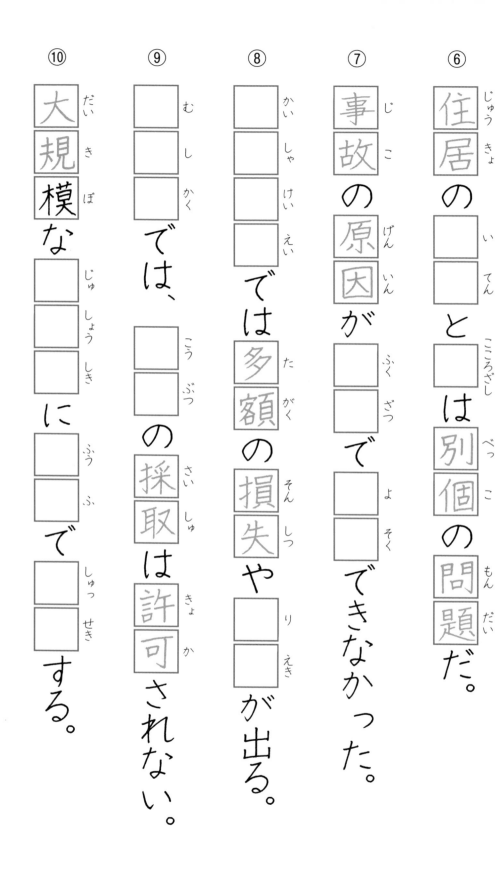

例文⑥〜⑩ 漢字を書きましょう

名前

月　日

（答え➡15ページ）

⑥ □《じゅう》□《きょ》の□《い》□《てん》と□《こころざし》は□《べっ》□《こ》の□《もん》□《だい》だ。

⑦ □《じ》□《こ》の□《げん》□《いん》が□《ふく》□《ざつ》で□《よ》□《そく》できなかった。

⑧ □《かい》□《しゃ》□《けい》□《えい》では□《た》□《がく》の□《そん》□《しつ》や□《り》□《えき》が出る。

⑨ □《む》□《し》□《かく》では、□《こう》□《ぶつ》の□《さい》□《しゅ》は□《きょ》□《か》されない。

⑩ □《だい》□《き》模《ぼ》な□《じゅ》□《しょう》□《しき》に□《ふう》□《ふ》で□《しゅっ》□《せき》する。

例文⑥〜⑩ 漢字を書きましょう

名前

月　日

（答え↓15ページ）

⑥ □《じゅう》□《きょ》の□《い》□《てん》と□《こころざし》は□《べっ》□《こ》の□《もん》□《だい》だ。

⑦ □《じ》□《こ》の□《げん》□《いん》が□《ふく》□《ざつ》で□《よ》□《そく》できなかった。

⑧ □《かい》□《しゃ》□《けい》□《えい》では□《た》□《がく》の□《そん》□《しつ》や□《り》□《えき》が出る。

⑨ □《む》□《し》□《かく》では、□《こう》□《ぶつ》の□《さい》□《しゅ》は□《きょ》□《か》されない。

⑩ □《だい》□《き》模《ぼ》な□《じゅ》□《しょう》□《しき》に□《ふう》□《ふ》で□《しゅっ》□《せき》する。

例文⑪〜⑮

文を三回読みましょう

名前

月　日

⑪ 修飾語《しゅうしょくご》や述語《じゅつご》・接続語《せつぞくご》の内容《ないよう》を理解《りかい》した。

⑫ 財産《ざいさん》を均等《きんとう》に分《わ》ける義務《ぎむ》がある。

⑬ 危険《きけん》を招《まね》く行動《こうどう》は、絶対禁止《ぜったいきんし》です。

⑭ バスの停留所《ていりゅうじょ》で、息《いき》を殺《ころ》して泣《な》いた。

⑮ 災害再発防止《さいがいさいはつぼうし》の独自《どくじ》の考《かんが》えを導《みちび》き出《だ》した。

例文⑪〜⑮

漢字をていねいになぞりましょう

名前

月　日

⑪ 修飾語《しゅうしょくご》や述語《じゅつご》・接続語《せつぞくご》の内容《ないよう》を理解《りかい》した。

⑫ 財産《ざいさん》を均等《きんとう》に分ける義務《ぎむ》がある。

⑬ 危険《きけん》を招《まね》く行動《こうどう》は、絶対禁止《ぜったいきんし》です。

⑭ バスの停留所《ていりゅうじょ》で、息《いき》を殺《ころ》して泣《な》いた。

⑮ 災害再発防止《さいがいさいはつぼうし》の独自《どくじ》の考えを導《みちび》き出した。

例文 ⑪〜⑮

漢字に読みがなをつけましょう

名前　　月　　日

（答え➡23ページ）

⑪ 修飾《しょく》語や述語・接続語の内容を理解した。

⑫ 財産を均等に分ける義務がある。

⑬ 危《き》険を招く行動は、絶対禁止です。

⑭ バスの停留所で、息を殺して泣いた。

⑮ 災害再発防止の独自の考えを導き出した。

漢字のでき方を読みましょう

名前

月　日

【会意《かいい》】

解

とーく　カイ　問題《もんだい》を解《と》く　解決《かいけつ》

角《かく》＋刀《かたな》＋牛。牛《うし》の角《つの》を刀《かたな》で切《き》り取《と》り、肉《にく》を取《と》り分《わ》けて解体《かいたい》すること。そのことから、疑問《ぎもん》を解《と》きほぐして解決《かいけつ》するという意味《いみ》。解答《かいとう》。

義

ギ　正義《せいぎ》

羊《ひつじ》＋我《われ》。昔《むかし》、羊《ひつじ》を我（＝のこぎり）で切《き》り、神《かみ》に供《そな》えていた。いけにえとして供《そな》える羊《ひつじ》に欠点《けってん》がないことから「ただしい」という意味《いみ》。義務《ぎむ》・意義《いぎ》。

禁

キン　禁止《きんし》

林＋示《し》。林は木がしげり神《かみ》の住《す》む所《ところ》。示はお供《そな》えする机《つくえ》。林では狩《か》りや人が立ち入ることが禁止《きんし》だったため「してはいけない」という意味《いみ》になった。

殺

ころーす　サツ　虫《むし》を殺《ころ》す　殺《さっ》きん作用《さよう》

杀＋殳。たたりを起《お》こすけもの（杀）を長《なが》いほこで打《う》って（殳）、殺《ころ》すという意味《いみ》。これでたたりがへり、なくなるとされた。

災

（わざわーい）　サイ　災害《さいがい》

巛＋火。巛は水の流《なが》れがあふれる水害《すいがい》、火は火災《かさい》。両方《りょうほう》合《あ》わせてすべての災害《さいがい》のこと。天災《てんさい》・人災《じんさい》・戦災《せんさい》。

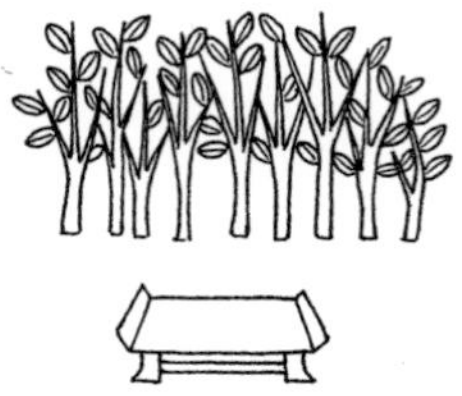

例文⑪〜⑮ 漢字の練習をしましょう

（答え➡23ページ）

名前

月　日

⑪ □《しゅう》飾《しょく》□《ご》や述《じゅつ》語《ご》・□《せつ》□《ぞく》□《ご》の内《ない》容《よう》を理《り》解《かい》した。

⑫ 財《ざい》産《さん》を□《きん》□《とう》に分ける義《ぎ》務《む》がある。

⑬ 危《き》□《けん》を招《まね》く□《こう》□《どう》は、□《ぜっ》□《たい》禁《きん》止《し》です。

⑭ バスの停《てい》留《りゅう》所《じょ》で、□《いき》を□《ころ》して□《な》いた。

⑮ 災《さい》害《がい》□《さい》□《はつ》防《ぼう》止《し》の□《どく》□《じ》の考えを導《みちび》き出した。

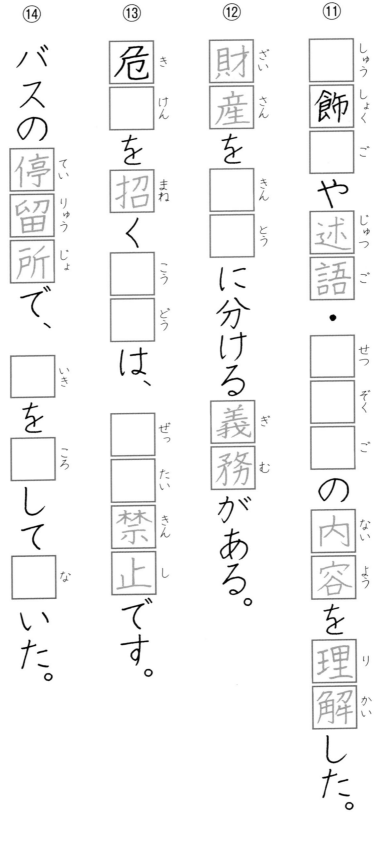

例文⑪〜⑮

漢字の練習をしましょう

名前

月　日

（答え➡23ページ）

⑪ 修《しゅう》飾《しょく》語《ご》や□《じゅつ》□《ご》・接《せつ》続《ぞく》語《ご》の□《ない》□《よう》を□《り》□《かい》した。

⑫ □《ざい》□《さん》を均《きん》等《とう》に分ける義《ぎ》務《む》がある。

⑬ 危《き》険《けん》を□《まね》く□《こう》□《どう》は、絶《ぜっ》対《たい》□《きん》□《し》です。

⑭ バスの□《てい》□《りゅう》□《じょ》で、□《いき》を殺《ころ》して□《な》いた。

⑮ □《さい》□《がい》再《さい》発《はつ》□《ぼう》□《し》の独《どく》自《じ》の考えを導《みちび》き出した。

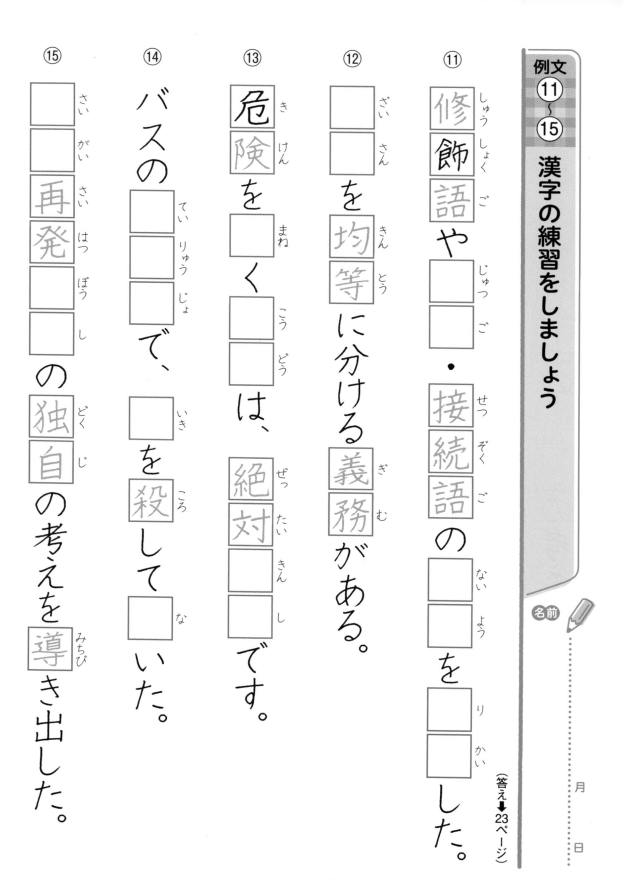

例文⑪～⑮

漢字を書きましょう

（答え➡23ページ）

名前

月　日

⑪ □《しゅう》飾《しょく》□《ご》や□《じゅつ》□《ご》・□《せつ》□《ぞく》□《ご》の□《ない》□《よう》を□《り》□《かい》した。

⑫ □《ざい》□《さん》を□《きん》□《とう》に分ける□《ぎ》□《む》がある。

⑬ 危《き》□《けん》を□《まね》く□《こう》□《どう》は、□《ぜっ》□《たい》□《きん》□《し》です。

⑭ バスの□《てい》□《りゅう》□《じょ》で、□《いき》を□《ころ》して□《な》いた。

⑮ □《さい》□《がい》□《さい》□《はつ》□《ぼう》□《し》の□《どく》□《じ》の考えを□《みちび》き出した。

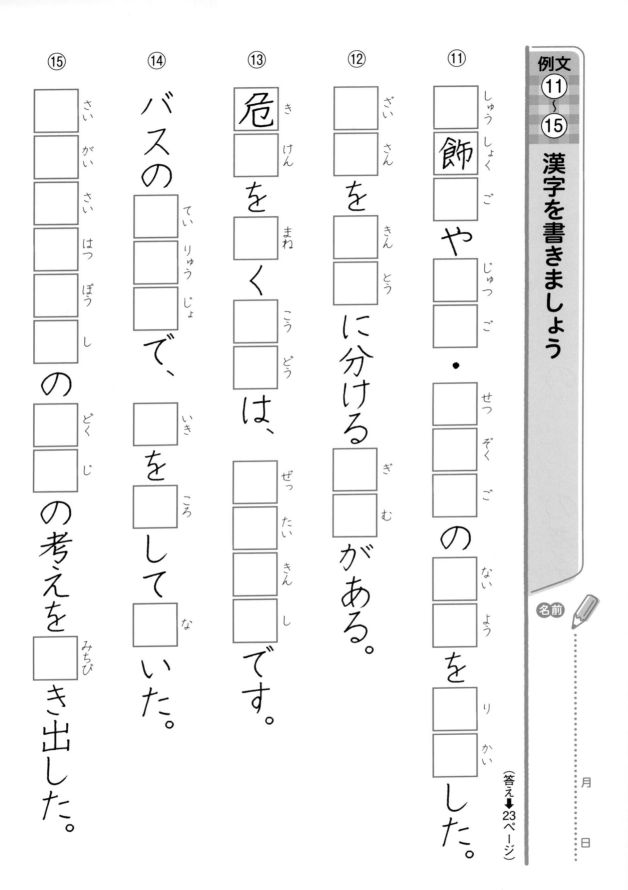

例文⑪〜⑮ 漢字を書きましょう

（答え➡23ページ）

名前

月　日

⑪ □《しゅう》飾《しょく》□《ご》や□《じゅつ》□《ご》・□《せつ》□《ぞく》□《ご》の□《ない》□《よう》を□《り》□《かい》した。

⑫ □《ざい》□《さん》を□《きん》□《とう》に分ける□《ぎ》□《む》がある。

⑬ 危《き》□《けん》を□《まね》く□《こう》□《どう》は、□《ぜっ》□《たい》□《きん》□《し》です。

⑭ バスの□《てい》□《りゅう》□《じょ》で、□《いき》を□《ころ》して□《な》いた。

⑮ □《さい》□《がい》□《さい》□《はつ》□《ぼう》□《し》の□《どく》□《じ》の考えを□《みちび》き出した。

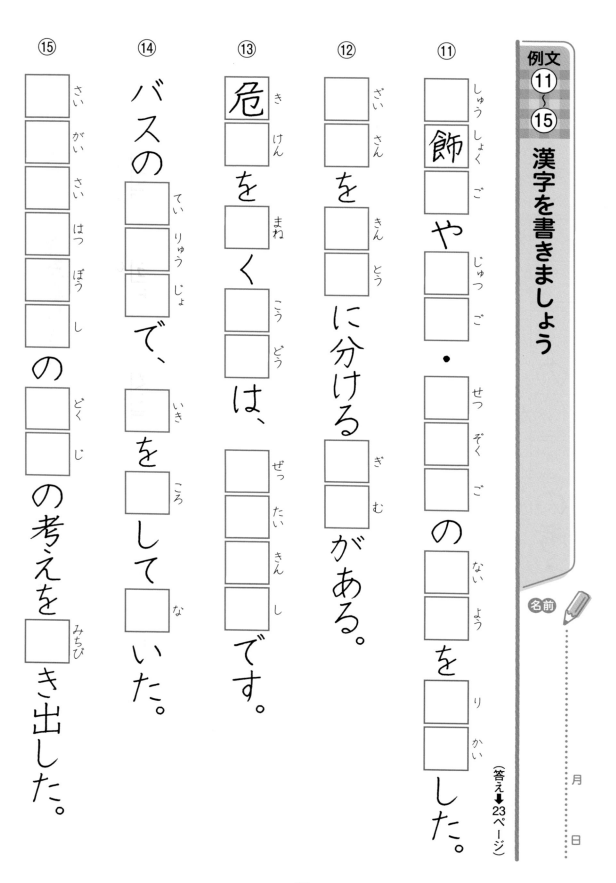

例文⑯〜⑳ 文を三回読みましょう

名前

月　日

⑯ その美《び》術《じゅつ》館《かん》は国《こく》際《さい》的《てき》に高《たか》く評《ひょう》価《か》された。

⑰ 飼《し》育《いく》委《い》員《いん》会《かい》の提《てい》案《あん》に喜《よろこ》んで賛《さん》成《せい》した。

⑱ 貧《まず》しい人《ひと》々《びと》を救《すく》うため生《せい》活《かつ》費《ひ》が支《し》給《きゅう》された。

⑲ 犯《はん》罪《ざい》者《しゃ》は牧《ぼく》師《し》のおかげで態《たい》度《ど》を改《あらた》めた。

⑳ 似《に》顔《がお》絵《え》集《しゅう》の出《しゅっ》版《ぱん》の条《じょう》件《けん》が整《ととの》った。

例文 ⑯〜⑳

漢字をていねいになぞりましょう

名前

月　日

⑯ その美術館《びじゅつかん》は国際的《こくさいてき》に高く評価《ひょうか》された。

⑰ 飼育委員会《しいくいいんかい》の提案《ていあん》に喜《よろこ》んで賛成《さんせい》した。

⑱ 貧《まず》しい人々《ひとびと》を救《すく》うため生活費《せいかつひ》が支給《しきゅう》された。

⑲ 犯罪者《はんざいしゃ》は牧師《ぼくし》のおかげで態度《たいど》を改《あらた》めた。

⑳ 似顔絵集《にがおえしゅう》の出版《しゅっぱん》の条件《じょうけん》が整《ととの》った。

例文⑯〜⑳

漢字に読みがなをつけましょう

名前

月　日

（答え⬇31ページ）

⑯ その美術館は国際的に高く評価された。

⑰ 飼育委員会の提案に喜んで賛成した。

⑱ 貧しい人々を救うため生活費が支給された。

⑲ 犯罪者は牧師のおかげで態度を改めた。

⑳ 似顔絵集の出版の条件が整った。

漢字のでき方を読みましょう

名前

月　日

【会意《かいい》】

際　サイ　際限《さいげん》

阝（𨸏）＋祭《さい》。𨸏は神《かみ》が天にのぼり降《お》りするはしご。祭壇《さいだん》（示）に手（又）で肉《にく》（夕）を供《そな》えて祭《まつ》った。神《かみ》と人が接《せっ》する境目《さかいめ》、極限《きょくげん》の所《ところ》の意味《いみ》。

賛　サン　賛成《さんせい》

元《もと》の字は贊《さん》。兟《しん》（二本のかんざし）と貝を供《そな》えて神《かみ》に祈《いの》ること。神《かみ》が祈《いの》りに賛同《さんどう》して実現《じつげん》できたので、「同意《どうい》する・たたえる」意味《いみ》となった。

支　シ　ささ-える　支《ささ》え合《あ》う　支持《しじ》

十＋又《また》。十（小枝《こえだ》）を手（又）で持《も》つ形《かたち》。木の枝《えだ》は物《もの》を支《ささ》えるのに使《つか》うので、「ささえる・枝分《えだわ》かれした」という意味《いみ》に使《つか》う。

師　シ　教師《きょうし》

軍《ぐん》を進《すす》めるときに持《も》っていく肉《にく》（𠂤）を刀《かたな》（帀）で切《き》り分《わ》ける人（将軍《しょうぐん》）のこと。その人は引退後《いんたいご》、若者《わかもの》の教育《きょういく》にあたったことから、「先生」の意味《いみ》もある。

条　ジョウ　条約《じょうやく》

元《もと》の字は條《じょう》で、攸＋木。攸は、後《うし》ろから水をかけて身《み》を清《きよ》めること。木はそのときに使《つか》う長《なが》い枝《えだ》。長《なが》い枝《えだ》から、「のびる・すじみち・すじ」の意味《いみ》になる。

例文⑯～⑳

漢字の練習をしましょう

名前

月　日

（答え⬇31ページ）

⑯ その美《び》術《じゅつ》館《かん》は国《こく》際《さい》的《てき》に高く□《ひょう》□《か》された。

⑰ 飼《し》育《いく》□《い》□《いん》□《かい》の提《てい》案《あん》に喜《よろこ》んで□《さん》□《せい》した。

⑱ 貧《まず》しい□《ひと》々《びと》を□《すく》うため□《せい》□《かつ》□《ひ》が支《し》給《きゅう》された。

⑲ □《はん》□《ざい》□《しゃ》は牧《ぼく》師《し》のおかげで態《たい》度《ど》を□《あらた》めた。

⑳ 似《に》顔《がお》絵《え》集《しゅう》の出《しゅっ》版《ぱん》の□《じょう》□《けん》が整《ととの》った。

例文⑯〜⑳

漢字の練習をしましょう

名前

月　日

（答え➡31ページ）

⑯ その□《び》□《じゅつ》□《かん》は□《こく》□《さい》□《てき》に高く評《ひょう》価《か》された。

⑰ □《し》□《いく》□《い》□《いん》□《かい》の□《てい》□《あん》に□《よろこ》んで賛《さん》成《せい》した。

⑱ □《まず》しい□《ひと》々《びと》を救《すく》うため生《せい》活《かつ》費《ひ》が□《し》□《きゅう》された。

⑲ 犯《はん》罪《ざい》者《しゃ》は□《ぼく》□《し》のおかげで□《たい》□《ど》を□《あらた》めた。

⑳ □《に》□《がお》□《え》□《しゅう》の□《しゅっ》□《ぱん》の条《じょう》件《けん》が□《ととの》った。

例文⑯～⑳ 漢字を書きましょう

名前

月　日

（答え➡31ページ）

⑯ その□《び》□《じゅつ》□《かん》は□《こく》□《さい》□《てき》に高く□《ひょう》□《か》された。

⑰ □《し》□《いく》□《い》□《いん》□《かい》の□《てい》□《あん》に□《よろこ》んで□《さん》□《せい》した。

⑱ □《まず》しい□《ひと》々《びと》を□《すく》うため□《せい》□《かつ》□《ひ》が□《し》□《きゅう》された。

⑲ □《はん》□《ざい》□《しゃ》は□《ぼく》□《し》のおかげで□《たい》□《ど》を□《あらた》めた。

⑳ □《に》□《がお》□《え》□《しゅう》の□《しゅっ》□《ぱん》の□《じょう》□《けん》が□《ととの》った。

例文⑯～⑳

漢字を書きましょう

名前

月　日

（答え↓31ページ）

⑯ その□《び》□《じゅつ》□《かん》は□《こく》□《さい》□《てき》に高く□《ひょう》□《か》された。

⑰ □《し》□《いく》□《い》□《いん》□《かい》の□《てい》□《あん》に□《よろこ》んで□《さん》□《せい》した。

⑱ □《まず》しい□《ひと》々《びと》を□《すく》うため□《せい》□《かつ》□《ひ》が□《し》□《きゅう》された。

⑲ □《はん》□《ざい》□《しゃ》は□《ぼく》□《し》のおかげで□《たい》□《ど》を□《あらた》めた。

⑳ □《に》□《がお》□《え》□《しゅう》の□《しゅっ》□《ぱん》の□《じょう》□《けん》が□《ととの》った。

例文㉑〜㉕ 文を三回読みましょう

名前

月　日

㉑ よい姿勢《しせい》の習慣《しゅうかん》は、近眼《きんがん》を防《ふせ》ぐ一《いち》方《ほう》法《ほう》だ。

㉒ 団体《だんたい》の宿舎《しゅくしゃ》は、設備《せつび》が整《ととの》い快適《かいてき》だった。

㉓ 堂々《どうどう》と規則《きそく》を破《やぶ》るのは、非常識《ひじょうしき》な判断《はんだん》だ。

㉔ 現在《げんざい》は、半世紀前《はんせいきまえ》と比《くら》べ多《おお》くの情報《じょうほう》がある。

㉕ 肥料《ひりょう》を混《ま》ぜて土《つち》を耕《たがや》すと効果《こうか》が高《たか》い。

例文㉑～㉕ 漢字をていねいになぞりましょう

名前

月　日

㉑ よい姿勢《しせい》の習慣《しゅうかん》は、近眼《きんがん》を防《ふせ》ぐ一方法《いちほうほう》だ。

㉒ 団体《だんたい》の宿舎《しゅくしゃ》は、設備《せつび》が整《ととの》い快適《かいてき》だった。

㉓ 堂々《どうどう》と規則《きそく》を破《やぶ》るのは、非常識《ひじょうしき》な判断《はんだん》だ。

㉔ 現在《げんざい》は、半世紀前《はんせいきまえ》と比《くら》べ多くの情報《じょうほう》がある。

㉕ 肥料《ひりょう》を混《ま》ぜて土を耕《たがや》すと効果《こうか》が高い。

例文㉑～㉕ 漢字に読みがなをつけましょう

名前　　　月　　日

（答え➡39ページ）

㉑ よい姿《し》勢の習慣は、近眼を防ぐ一方法だ。

㉒ 団体の宿舎は、設備が整い快適だった。

㉓ 堂《どう》々と規則を破るのは、非常識な判断だ。

㉔ 現在は、半世紀前と比べ多くの情報がある。

㉕ 肥料を混ぜて土を耕すと効果が高い。

例文 ㉑〜㉕

漢字のでき方を読みましょう

名前

月　日

【会意《かいい》】

勢　いきお-い　セイ　勢《いきお》いがある　勢力《せいりょく》

埶＋力。力（すき＝力）でよく耕《たがや》して、両手《りょうて》で苗木《なえぎ》を植《う》える（埶＝埶）と、木が勢《いきお》いよく生長《せいちょう》するという意味《いみ》。

設　もう-ける　セツ　席《せき》を設《もう》ける　建設《けんせつ》

言《げん》＋殳。器《うつわ》を並《なら》べ、神《かみ》への誓《ちか》いの言葉《ことば》（言）を羽飾《はねかざ》りで清《きよ》める（殳）意味《いみ》。神《かみ》の前《まえ》で誓《ちか》うことを指《さ》し、のちに「もうける」の意味《いみ》に使《つか》うようになった。

断　ことわ-る　ダン　さそいを断《ことわ》る　切断《せつだん》

元《もと》の字は斷で、𢇍＋斤《おの》。斤《おの》で織機《おりき》にかけた糸を二つに断《た》ち切《き》る（𢇍）こと。それで、「たつ・たちきる・ことわる」意味《いみ》に使《つか》う。

比　くら-べる　ヒ　身長《しんちょう》を比《くら》べる　対比《たいひ》

右向《みぎむ》きの人を組《く》み合《あ》わせた形《かたち》。二人が並《なら》んでいるので、「くらべる」意味《いみ》になる。左向《ひだりむ》きに並《なら》んだ字は从（＝従《じゅう》）で、前《まえ》の人に従《したが》う意味《いみ》。从↓從↓従《じゅう》となった。

肥　こ-える　こえ　こ-やす　ヒ　肥《こ》えた土地《とち》　肥《こえ》をやる　土地《とち》を肥《こ》やす　肥料《ひりょう》

月＋卪。人がひざまずいた（卪）とき、ももの辺《あた》りの肉《にく》（月）がゆたかになること。それで「こえる・ふとる」という意味《いみ》になった。

従

比

例文㉑〜㉕

漢字の練習をしましょう

名前

月　日

（答え➡39ページ）

㉑ よい姿《し》□《せい》の習《しゅう》慣《かん》は、近《きん》眼《がん》を□《ふせ》ぐ□《いち》□《ほう》□《ほう》だ。

㉒ □《だん》□《たい》の□《しゅく》□《しゃ》は、設《せつ》備《び》が整《ととの》い□《かい》□《てき》だった。

㉓ 堂《どう》々《どう》と□《き》□《そく》を破《やぶ》るのは、非《ひ》常《じょう》識《しき》な□《はん》□《だん》だ。

㉔ 現《げん》在《ざい》は、□《はん》□《せい》□《き》□《まえ》と□《くら》べ多くの情《じょう》報《ほう》がある。

㉕ 肥《ひ》料《りょう》を□《ま》ぜて土を耕《たがや》すと□《こう》□《か》が高い。

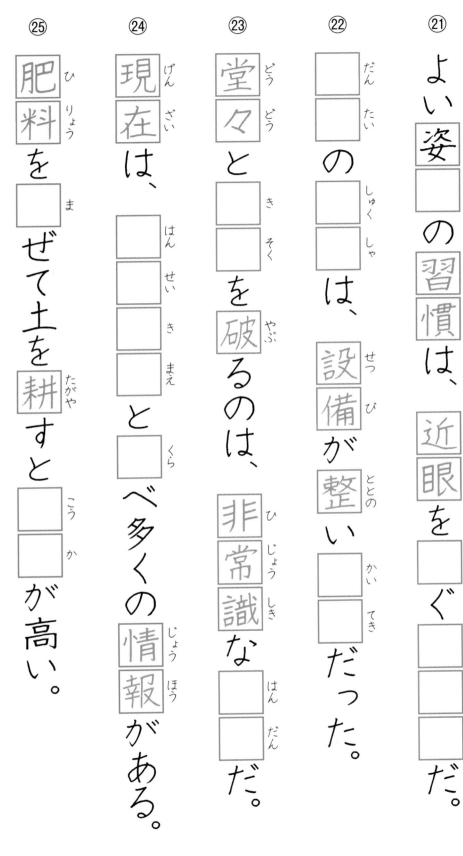

例文 ㉑〜㉕

漢字の練習をしましょう

（答え➡39ページ）

名前

月　日

㉑ よい姿《し》勢《せい》の□《しゅう》□《かん》は、□《きん》□《がん》を防《ふせ》ぐ□《いち》□《ほう》□《ほう》だ。

㉒ 団《だん》体《たい》の宿《しゅく》舎《しゃ》は、□《せつ》□《び》が□《ととの》い快《かい》適《てき》だった。

㉓ □《どう》々《どう》と規《き》則《そく》を□《やぶ》るのは、□《ひ》□《じょう》□《しき》な判《はん》断《だん》だ。

㉔ □《げん》□《ざい》は、半《はん》世《せい》紀《き》前《まえ》と比《くら》べ多くの□《じょう》□《ほう》がある。

㉕ □《ひ》□《りょう》を混《ま》ぜて土を□《たがや》すと効《こう》果《か》が高い。

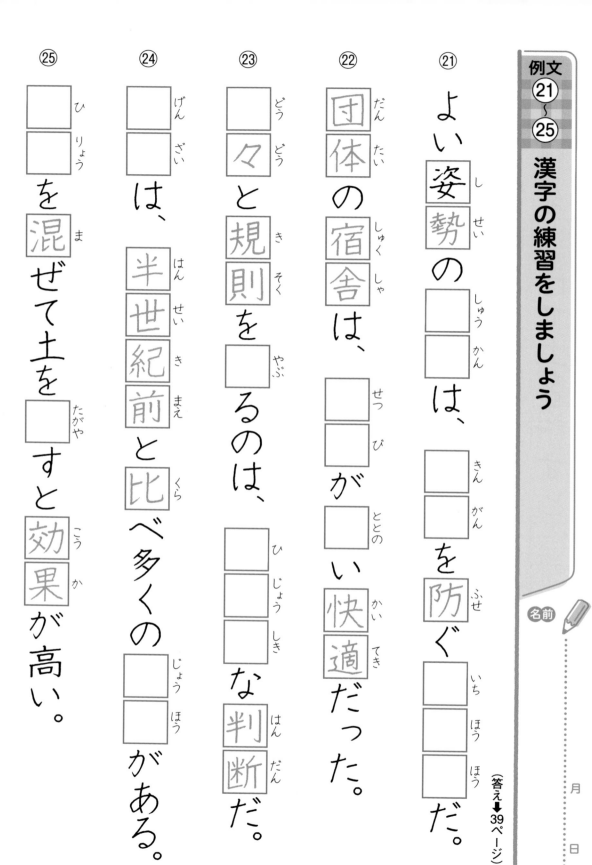

例文㉑〜㉕ 漢字を書きましょう

名前

月　日

（答え⬇39ページ）

㉑ よい姿《し》□《せい》の□《しゅう》□《かん》は、□《きん》□《がん》を□《ふせ》ぐ□《いち》□《ほう》□《ほう》だ。

㉒ □《だん》□《たい》の□《しゅく》□《しゃ》は、□《せつ》□《び》が□《ととの》い□《かい》□《てき》だった。

㉓ □《どう》々《どう》と□《き》□《そく》を□《やぶ》るのは、□《ひ》□《じょう》□《しき》な□《はん》□《だん》だ。

㉔ □《げん》□《ざい》は、□《はん》□《せい》□《き》□《まえ》と□《くら》べ多くの□《じょう》□《ほう》がある。

㉕ □《ひ》□《りょう》を□《ま》ぜて土を□《たがや》すと□《こう》□《か》が高い。

例文 ㉑～㉕

漢字を書きましょう

名前

月　日

（答え⬇39ページ）

㉑ よい姿《し》□《せい》の□《しゅう》□《かん》は、□《きん》□《がん》を□《ふせ》ぐ□《いち》□《ほう》□《ほう》だ。

㉒ □《だん》□《たい》の□《しゅく》□《しゃ》は、□《せつ》□《び》が□《ととの》い□《かい》□《てき》だった。

㉓ □《どう》々《どう》と□《き》□《そく》を□《やぶ》るのは、□《ひ》□《じょう》□《しき》な□《はん》□《だん》だ。

㉔ □《げん》□《ざい》は、□《はん》□《せい》□《き》□《まえ》と□《くら》べ多くの□《じょう》□《ほう》がある。

㉕ □《ひ》□《りょう》を□《ま》ぜて土を□《たがや》すと□《こう》□《か》が高い。

例文㉖～㉚ 文を三回読みましょう

名前

月　日

㉖ 婦《ふ》人《じん》は非《ひ》常《じょう》に大《おお》型《がた》の台《たい》風《ふう》に備《そな》えた。

㉗ 最《さい》大《だい》の暴《ぼう》力《りょく》は、武《ぶ》力《りょく》を使《つか》う戦《せん》争《そう》です。

㉘ 検《けん》査《さ》は手《て》を消《しょう》毒《どく》し清《せい》潔《けつ》さを保《たも》った中《なか》でする。

㉙ 留《りゅう》学《がく》の夢《ゆめ》に燃《も》えて、得《とく》意《い》な技《ぎ》術《じゅつ》をみがく。

㉚ 政《せい》府《ふ》は綿《めん》織《おり》物《もの》など紡《ぼう》績《せき》を厚《あつ》く保《ほ》護《ご》した。

例文㉖〜㉚ 漢字をていねいになぞりましょう

名前

月　日

㉖ 婦《ふ》人《じん》は非《ひ》常《じょう》に大《おお》型《がた》の台《たい》風《ふう》に備《そな》えた。

㉗ 最《さい》大《だい》の暴《ぼう》力《りょく》は、武《ぶ》力《りょく》を使《つか》う戦《せん》争《そう》です。

㉘ 検《けん》査《さ》は手を消《しょう》毒《どく》し清《せい》潔《けつ》さを保《たも》った中でする。

㉙ 留《りゅう》学《がく》の夢《ゆめ》に燃《も》えて、得《とく》意《い》な技《ぎ》術《じゅつ》をみがく。

㉚ 政《せい》府《ふ》は綿《めん》織《おり》物《もの》など紡《ぼう》績《せき》を厚《あつ》く保《ほ》護《ご》した。

例文㉖～㉚ 漢字に読みがなをつけましょう

名前

月　日

（答え↓47ページ）

㉖ 婦人は非常に大型の台風に備えた。

㉗ 最大の暴力は、武力を使う戦争です。

㉘ 検査は手を消毒し清潔さを保った中でする。

㉙ 留学の夢に燃えて、得意な技術をみがく。

㉚ 政府は綿織物など紡《ぼう》績を厚く保護した。

例文 26～30

漢字のでき方を読みましょう

名前

月　日

【会意《かいい》】

暴

あば-れる　ボウ　　大暴《おおあば》れ　暴走《ぼうそう》

「日」とけものの死《し》がいの形《かたち》を合《あ》わせた字。死《し》がいが太陽《たいよう》にさらされている様子《ようす》から「さらす・あばく」意味《いみ》になった。

武

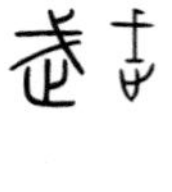

ブ　ム　　武士《ぶし》　武者《むしゃ》

戈《ほこ》＋止《し》（）。戈《ほこ》（＝武器《ぶき》）を持《も》って進《すす》む（止＝足あとの形《かたち》で、進《すす》むという意味《み》）ことから、「いさましい・相手《あいて》と戦《たたか》う・軍事《ぐんじ》」の意味《いみ》になった。

保

たも-つ　ホ　　健康《けんこう》を保《たも》つ　保育《ほいく》

人＋子（）。新生児《しんせいじ》に霊《れい》を授《さず》け、その霊《れい》を守《まも》る儀式《ぎしき》が「保」とされた。それで「まもる・たもつ・たすける」などの意味《いみ》に使《つか》う。

夢

ゆめ　ム　　夢《ゆめ》を見《み》る　悪夢《あくむ》

萈＋月。まゆを太《ふと》く大きくえがいた神《かみ》に仕《つか》える女が座《すわ》っている形《かたち》（萈）。その女が呪術《じゅじゅつ》を行《おこな》い、霊《れい》が夜《よる》（夕）あらわれるのが夢《ゆめ》と考《かんが》えられていた。

綿

わた　メン　　綿《わた》あめ　綿花《めんか》

元《もと》の字は緜で、帛《きぬ》＋系《けい》。系《けい》は糸すじ、帛はきぬ。綿は「きぬわた」のこと。

例文㉖～㉚

漢字の練習をしましょう

名前　　月　　日

（答え↓47ページ）

㉖ 婦《ふ》人《じん》は非《ひ》常《じょう》に□《おお》□《がた》の□《たい》□《ふう》に備《そな》えた。

㉗ □《さい》□《だい》の暴《ぼう》力《りょく》は、□《ぶ》□《りょく》を□《つか》う戦《せん》争《そう》です。

㉘ 検《けん》査《さ》は手を□《しょう》□《どく》し清《せい》潔《けつ》さを□《たも》った中でする。

㉙ 留《りゅう》学《がく》の夢《ゆめ》に燃《も》えて、□《とく》□《い》な□《ぎ》□《じゅつ》をみがく。

㉚ □《せい》□《ふ》は綿《めん》織《おり》物《もの》など紡《ぼう》績《せき》を□《あつ》く保《ほ》護《ご》した。

例文㉖～㉚

漢字の練習をしましょう

名前

月　日

（答え➡47ページ）

㉖ □《ふ》□《じん》は□《ひ》□《じょう》に大《おお》型《がた》の□《たい》□《ふう》に□《そな》えた。

㉗ 最《さい》大《だい》の□《ぼう》□《りょく》は、武《ぶ》力《りょく》を□《つか》う□《せん》□《そう》です。

㉘ □《けん》□《さ》は手を消《しょう》毒《どく》し清《せい》潔《けつ》さを保《たも》った中でする。

㉙ □《りゅう》□《がく》の□《ゆめ》に□《も》えて、得《とく》意《い》な技《ぎ》術《じゅつ》をみがく。

㉚ 政《せい》府《ふ》は□《めん》□《おり》□《もの》など紡《ぼう》□《せき》を厚《あつ》く□《ほ》□《ご》した。

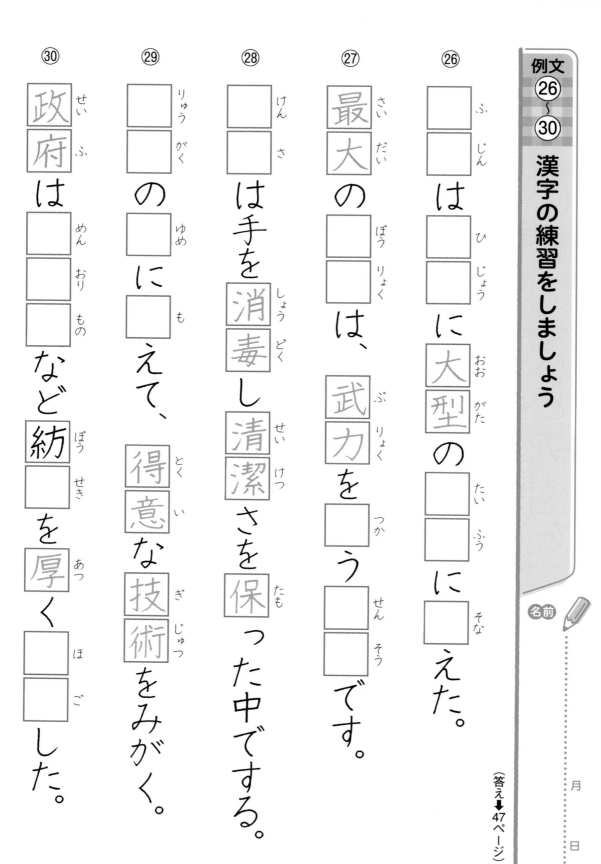

例文㉖〜㉚

漢字を書きましょう

名前

月　日

（答え⬇47ページ）

㉖ □《ふ》□《じん》は□《ひ》□《じょう》に□《おお》□《がた》の□《たい》□《ふう》に□《そな》えた。

㉗ □《さい》□《だい》の□《ぼう》□《りょく》は、□《ぶ》□《りょく》を□《つか》う□《せん》□《そう》です。

㉘ □《けん》□《さ》は手を□《しょう》□《どく》し□《せい》□《けつ》さを□《たも》った中でする。

㉙ □《りゅう》□《がく》の□《ゆめ》に□《も》えて、□《とく》□《い》な□《ぎ》□《じゅつ》をみがく。

㉚ □《せい》□《ふ》は□《めん》□《おり》□《もの》など紡《ぼう》□《せき》を□《あつ》く□《ほ》□《ご》した。

例文㉖～㉚

漢字を書きましょう

名前　　月　　日

（答え↓47ページ）

㉖ □《ふ》□《じん》は□《ひ》□《じょう》に□《おお》□《がた》の□《たい》□《ふう》に□《そな》えた。

㉗ □《さい》□《だい》の□《ぼう》□《りょく》は、□《ぶ》□《りょく》を□《つか》う□《せん》□《そう》です。

㉘ □《けん》□《さ》は手を□《しょう》□《どく》し□《せい》□《けつ》さを□《たも》った中でする。

㉙ □《りゅう》□《がく》の□《ゆめ》に□《も》えて、□《とく》□《い》な□《ぎ》□《じゅつ》をみがく。

㉚ □《せい》□《ふ》は□《めん》□《おり》□《もの》など紡《ぼう》□《せき》を□《あつ》く□《ほ》□《ご》した。

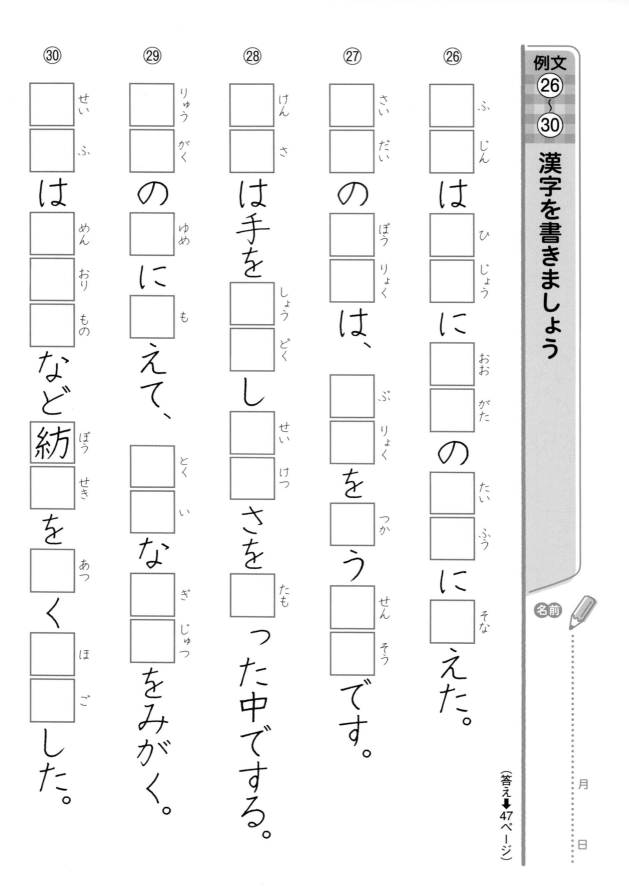

例文㉛〜㉟ 文を三回読みましょう

名前

月　日

㉛ 旧《きゅう》校《こう》舎《しゃ》改《かい》築《ちく》のため、仮《かり》の囲《かこ》いを作《つく》った。

㉜ 環《かん》境《きょう》に適《てき》応《おう》できない動《どう》物《ぶつ》は、数《かず》が減《げん》少《しょう》する。

㉝ 銅《どう》の鉱《こう》石《せき》を精《せい》製《せい》して、金《きん》属《ぞく》にする過《か》程《てい》。

㉞ 朝《ちょう》刊《かん》の新《しん》聞《ぶん》広《こう》告《こく》を編《へん》集《しゅう》するのにも慣《な》れた。

㉟ 新《しん》幹《かん》線《せん》で東《とう》京《きょう》と大《おお》阪《さか》を往《おう》復《ふく》する。

例文㉛〜㉟ 漢字をていねいになぞりましょう

名前

月　日

㉛ 旧《きゅう》校《こう》舎《しゃ》改《かい》築《ちく》のため、仮《かり》の囲《かこ》いを作った。

㉜ 環《かん》境《きょう》に適《てき》応《おう》できない動《どう》物《ぶつ》は、数が減《げん》少《しょう》する。

㉝ 銅《どう》の鉱《こう》石《せき》を精《せい》製《せい》して、金《きん》属《ぞく》にする過《か》程《てい》。

㉞ 朝《ちょう》刊《かん》の新《しん》聞《ぶん》広《こう》告《こく》を編《へん》集《しゅう》するのにも慣《な》れた。

㉟ 新《しん》幹《かん》線《せん》で東《とう》京《きょう》と大《おお》阪《さか》を往《おう》復《ふく》する。

例文 ㉛～㉟ 漢字に読みがなをつけましょう

名前

月　日

（答え➡55ページ）

㉛ 旧校舎改築のため、仮の囲いを作った。

㉜ 環《かん》境に適応できない動物は、数が減少する。

㉝ 銅の鉱石を精製して、金属にする過程。

㉞ 朝刊の新聞広告を編集するのにも慣れた。

㉟ 新幹線で東京と大阪を往復する。

例文31〜35 漢字のでき方を読みましょう

名前

月　日

【形声《けいせい》】音（読《よ》み方《かた》）を表《あらわ》す文字と意味《いみ》を表《あらわ》す文字を組《く》み合《あ》わせて、新《あたら》しい文字を作《つく》る方法《ほうほう》。干（カン）＋刂で、「刊《かん》」など。

仮

かり　カ

仮《かり》のすがた　仮説《かせつ》

元《もと》の字は假《か》で、読《よ》み方《かた》を表《あらわ》す部分《ぶぶん》は「叚」。叚は石をみがいて美《うつく》しい玉に仕上《しあ》げること。それに人を付《つ》けて、仮面《かめん》を仕上《しあ》げることを假という。仮《かり》は実物《じつぶつ》の代《か》わり物《もの》だから「かり・かりの・かりに」となる。叚があり、「カ」と読《よ》む字は暇・霞・瑕など。

応

こた-える　オウ

期待《きたい》に応《こた》える　応答《おうとう》　※反応《はんのう》（反《はん》＋応《おう》➡反応《はんのう》）

元《もと》の字は應《おう》で、読《よ》み方《かた》を表《あらわ》す部分《ぶぶん》は「雁《おう》」。雁《おう》は、鷹狩《たかが》りを意味《いみ》する。鷹狩《たかが》りでうらないを行《おこな》うこともあり、その結果《けっか》は「こたえ」とされたので、心《こころ》をつけて「こたえる」意味《いみ》になった。

過

す-ぎる　カ

三時《さんじ》を過《す》ぎる　通過《つうか》

読《よ》み方《かた》を表《あらわ》す部分《ぶぶん》は「咼《か》」。咼は人の上半身《じょうはんしん》の骨《ほね》、それに𠙵（神《かみ》に祈《いの》るときの文を入れる箱《はこ》）を加《くわ》えて、重要《じゅうよう》な場所《ばしょ》を通過《つうか》するために禍《か》（わざわい）をはらうよう祈《いの》ることを表《あらわ》す。

刊

カン

夕刊《ゆうかん》

読《よ》み方《かた》を表《あらわ》す部分《ぶぶん》は「干《かん》」。干《かん》と刀《かたな》（刂）で、版木《はんぎ》をけずって印刷《いんさつ》して本を出すこと。干・幹・汗・竿・肝は、「カン」と読《よ》む。

幹

みき　カン

木《き》の幹《みき》　新幹線《しんかんせん》

倝（𠦝《かん》）＋干《かん》。𠦝《かん》とは、旗《はた》の柱《はしら》で基本《きほん》になるものであることから「はしら・みき」の意味《いみ》。

例文 ㉛〜㉟

漢字の練習をしましょう

名前

月　日

(答え➡55ページ)

㉛ 旧《きゅう》校《こう》舎《しゃ》改《かい》築《ちく》のため、□《かり》の□《かこ》いを作った。

㉜ 環《かん》境《きょう》に□《てき》□《おう》できない□《どう》□《ぶつ》は、数が減《げん》少《しょう》する。

㉝ 銅《どう》の□《こう》□《せき》を精《せい》製《せい》して、金《きん》属《ぞく》にする□《か》□《てい》。

㉞ □《ちょう》□《かん》の□《しん》□《ぶん》□《こう》□《こく》を編《へん》集《しゅう》するのにも慣《な》れた。

㉟ 新《しん》幹《かん》線《せん》で□《とう》□《きょう》と□《おお》□《さか》を□《おう》□《ふく》する。

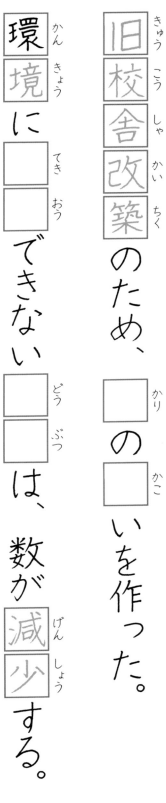

例文 ㉛～㉟

漢字の練習をしましょう

名前　　月　　日

（答え➡55ページ）

㉛ □《きゅう》□《こう》□《しゃ》□《かい》□《ちく》のため、仮《かり》の囲《かこ》いを作った。

㉜ 環《かん》□《きょう》に適《てき》応《おう》できない□《どう》□《ぶつ》は、数が減《げん》少《しょう》する。

㉝ □《どう》の鉱《こう》石《せき》を□《せい》□《せい》して、□《きん》□《ぞく》にする過《か》程《てい》。

㉞ 朝《ちょう》刊《かん》の新《しん》聞《ぶん》広《こう》告《こく》を□《へん》□《しゅう》するのにも□《な》れた。

㉟ □《しん》□《かん》□《せん》で□《とう》□《きょう》と□《おお》□《さか》を往《おう》復《ふく》する。

例文 ㉛〜㉟

漢字を書きましょう

名前

月　日

（答え➡55ページ）

㉛ □《きゅう》□《こう》□《しゃ》□《かい》□《ちく》のため、□《かり》の□《かこ》いを作った。

㉜ 環《かん》□《きょう》に□《てき》□《おう》できない□《どう》□《ぶつ》は、数が□《げん》□《しょう》する。

㉝ □《どう》の□《こう》□《せき》を□《せい》□《せい》して、□《きん》□《ぞく》にする□《か》□《てい》。

㉞ □《ちょう》□《かん》の□《しん》□《ぶん》□《こう》□《こく》を□《へん》□《しゅう》するのにも□《な》れた。

㉟ □《しん》□《かん》□《せん》で□《とう》□《きょう》と□《おお》□《さか》を□《おう》□《ふく》する。

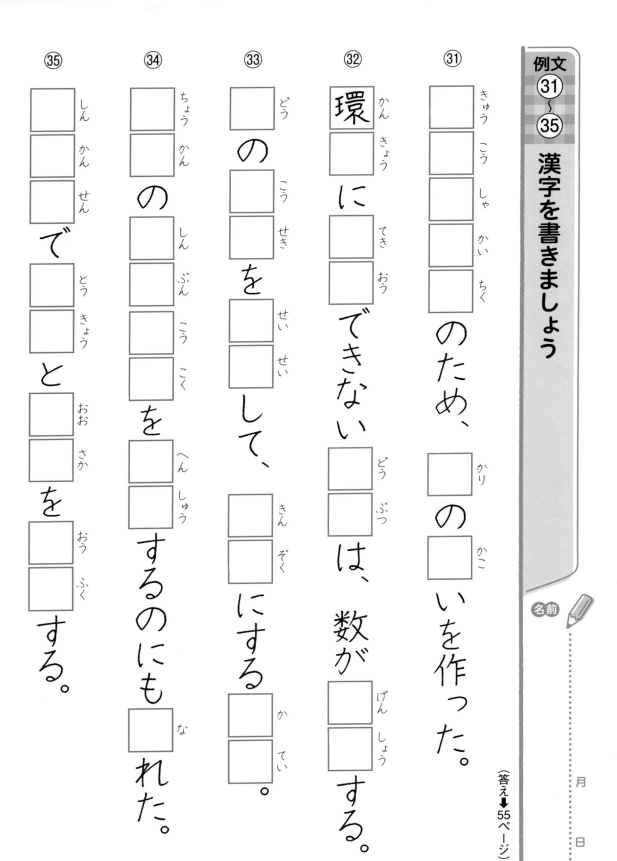

例文㉛～㉟ 漢字を書きましょう

名前

月　日

（答え➡55ページ）

㉛ □《きゅう》□《こう》□《しゃ》□《かい》□《ちく》のため、□《かり》の□《かこ》いを作った。

㉜ 環《かん》□《きょう》に□《てき》□《おう》できない□《どう》□《ぶつ》は、数が□《げん》□《しょう》する。

㉝ □《どう》の□《こう》□《せき》を□《せい》□《せい》して、□《きん》□《ぞく》にする□《か》□《てい》。

㉞ □《ちょう》□《かん》の□《しん》□《ぶん》□《こう》□《こく》を□《へん》□《しゅう》するのにも□《な》れた。

㉟ □《しん》□《かん》□《せん》で□《とう》□《きょう》と□《おお》□《さか》を□《おう》□《ふく》する。

例文㊱～㊵ 文を三回読みましょう

㊱ 基本的《きほんてき》な機能《きのう》を備《そな》えた防犯《ぼうはん》ブザー。

㊲ 寄付《きふ》に対《たい》する感謝状《かんしゃじょう》を総会《そうかい》でわたした。

㊳ 貯水池《ちょすいち》から粉雪《こなゆき》が積《つ》もる山脈《さんみゃく》が見《み》える。

㊴ 文句《もんく》でなく、個人《こじん》の意見《いけん》を主張《しゅちょう》しよう。

㊵ 象《ぞう》は、接近《せっきん》するライオンに身構《みがま》えた。

名前

月　日

例文 ㊱～㊵

漢字をていねいになぞりましょう

名前

月　日

㊱ 基本的《きほんてき》な機能《きのう》を備《そな》えた防犯《ぼうはん》ブザー。

㊲ 寄付《きふ》に対《たい》する感謝状《かんしゃじょう》を総会《そうかい》でわたした。

㊳ 貯水池《ちょすいち》から粉雪《こなゆき》が積《つ》もる山脈《さんみゃく》が見える。

㊴ 文句《もんく》でなく、個人《こじん》の意見《いけん》を主張《しゅちょう》しよう。

㊵ 象《ぞう》は、接近《せっきん》するライオンに身構《みがま》えた。

例文㊱～㊵

漢字に読みがなをつけましょう

名前

月　日

(答え⬇63ページ)

㊱ 基本的な機能を備えた防犯ブザー。

㊲ 寄付に対する感謝状を総会でわたした。

㊳ 貯水池から粉雪が積もる山脈が見える。

㊴ 文句でなく、個人の意見を主張しよう。

㊵ 象は、接近するライオンに身構えた。

例文 36〜40

漢字のでき方を読みましょう

名前

月　日

【形声《けいせい》】

基

キ

基本《きほん》

読《よ》み方《かた》を表《あらわ》す部分《ぶぶん》は「其《き》」。其《き》は、四角形《しかくけい》のもの、台座《だいざ》を意味《いみ》する。其《き》＋土で土を付《つ》けて高《たか》くした建物《たてもの》の基礎《きそ》のことをいい、「もと・もとい」の意味《いみ》。其《き》を含《ふく》む旗・期・棋は「キ」と読《よ》む。

寄

よ-る　キ

近寄《ちかよ》る　寄港《きこう》

読《よ》み方《かた》を表《あらわ》す部分《ぶぶん》は「奇《き》」。奇《き》は大きく曲《ま》がった刀《かたな》で激《はげ》しく祈《いの》る様子《ようす》。宀をつけて、不安定《ふあんてい》な曲刀《きょくとう》（奇）を神聖《しんせい》なものに寄《よ》りかからせるという意味《いみ》。奇《き》を含《ふく》む奇・騎は「キ」と読《よ》む。

粉

こ　こな　フン

小麦粉《こむぎこ》　粉雪《こなゆき》　粉末《ふんまつ》

米《こめ》＋分《ふん》。分《ふん》はものを分《わ》けること。米《こめ》などのこく物《もつ》を細《こま》かくしたものを粉《ふん》という。今《いま》では、こく物《もつ》に限《かぎ》らず「花粉《かふん》」「金粉《きんぷん》」などにも使《つか》われている。

個

コ

個人《こじん》

読《よ》み方《かた》を表《あらわ》す部分《ぶぶん》は「固《こ》」。固《こ》は固定《こてい》した物《もの》。個《こ》は、相手《あいて》のない片方《かたほう》だけの物《もの》のことで「ひとつ・ひとり」の意味《いみ》に使《つか》う。物《もの》を数《かぞ》えるとき「一個《いっこ》・二個《にこ》」と使《つか》うようになった。

構

かま-える　コウ

店《みせ》を構《かま》える　構成《こうせい》

読《よ》み方《かた》を表《あらわ》す部分《ぶぶん》は「冓《こう》」。冓《こう》（〓・〓）は同《おな》じ形《かたち》の飾《かざ》りひもを上下につなぎあわせた形《かたち》で、組《く》み合《あ》わせる意味《いみ》。木を組《く》み合《あ》わせることが構《こう》で、「つくる・しくむ・かまえる」の意味《いみ》。冓《こう》を含《ふく》む講・溝は「コウ」と読《よ》む。

例文 ㊱〜㊵

漢字の練習をしましょう

名前　　　月　　日

（答え⬇63ページ）

㊱ □《き》□《ほん》□《てき》な機《き》能《のう》を□《そな》えた防《ぼう》犯《はん》ブザー。

㊲ 寄《き》付《ふ》に□《たい》する感《かん》謝《しゃ》状《じょう》を□《そう》□《かい》でわたした。

㊳ 貯《ちょ》水《すい》池《ち》から□《こな》□《ゆき》が□《つ》もる山《さん》脈《みゃく》が見える。

㊴ 文《もん》句《く》でなく、□《こ》□《じん》の□《い》□《けん》を主《しゅ》張《ちょう》しよう。

㊵ 象《ぞう》は、□《せっ》□《きん》するライオンに身《み》構《がま》えた。

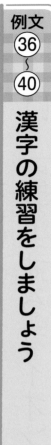

例文㊱〜㊵ 漢字の練習をしましょう

名前

月　日

（答え➡63ページ）

㊱ 基《き》本《ほん》的《てき》な□《き》□《のう》を備《そな》えた□《ぼう》□《はん》ブザー。

㊲ □《き》□《ふ》に□《たい》する□《かん》□《しゃ》□《じょう》を総《そう》会《かい》でわたした。

㊳ □《ちょ》□《すい》□《ち》から粉《こな》雪《ゆき》が□《つ》もる□《さん》□《みゃく》が見える。

㊴ □《もん》□《く》でなく、個《こ》人《じん》の□《い》□《けん》を□《しゅ》□《ちょう》しよう。

㊵ □《ぞう》は、接《せっ》近《きん》するライオンに□《み》□《がま》えた。

例文㊱〜㊵ 漢字を書きましょう

名前

月　日

（答え⬇63ページ）

㊱ □《き》□《ほん》□《てき》な□《き》□《のう》を□《そな》えた□《ぼう》□《はん》ブザー。

㊲ □《き》□《ふ》に□《たい》する□《かん》□《しゃ》□《じょう》を□《そう》□《かい》でわたした。

㊳ □《ちょ》□《すい》□《ち》から□《こな》□《ゆき》が□《つ》もる□《さん》□《みゃく》が見える。

㊴ □《もん》□《く》でなく、□《こ》□《じん》の□《い》□《けん》を□《しゅ》□《ちょう》しよう。

㊵ □《ぞう》は、□《せっ》□《きん》するライオンに□《み》□《がま》えた。

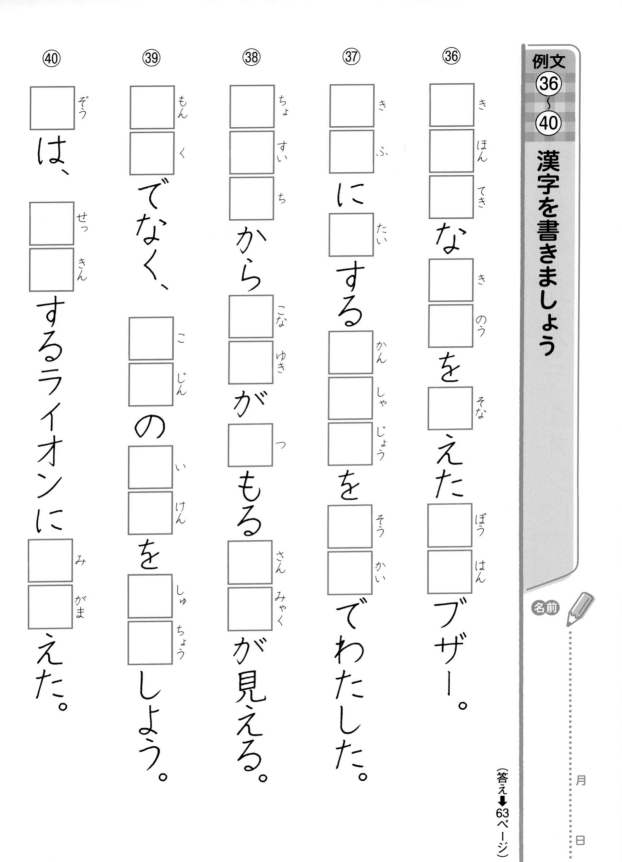

例文36～40

漢字を書きましょう

名前

月　日

（答え⬇63ページ）

㊱ □《き》□《ほん》□《てき》な□《き》□《のう》を□《そな》えた□《ぼう》□《はん》ブザー。

㊲ □《き》□《ふ》に□《たい》する□《かん》□《しゃ》□《じょう》を□《そう》□《かい》でわたした。

㊳ □《ちょ》□《すい》□《ち》から□《こな》□《ゆき》が□《つ》もる□《さん》□《みゃく》が見える。

㊴ □《もん》□《く》でなく、□《こ》□《じん》の□《い》□《けん》を□《しゅ》□《ちょう》しよう。

㊵ □《ぞう》は、□《せっ》□《きん》するライオンに□《み》□《がま》えた。

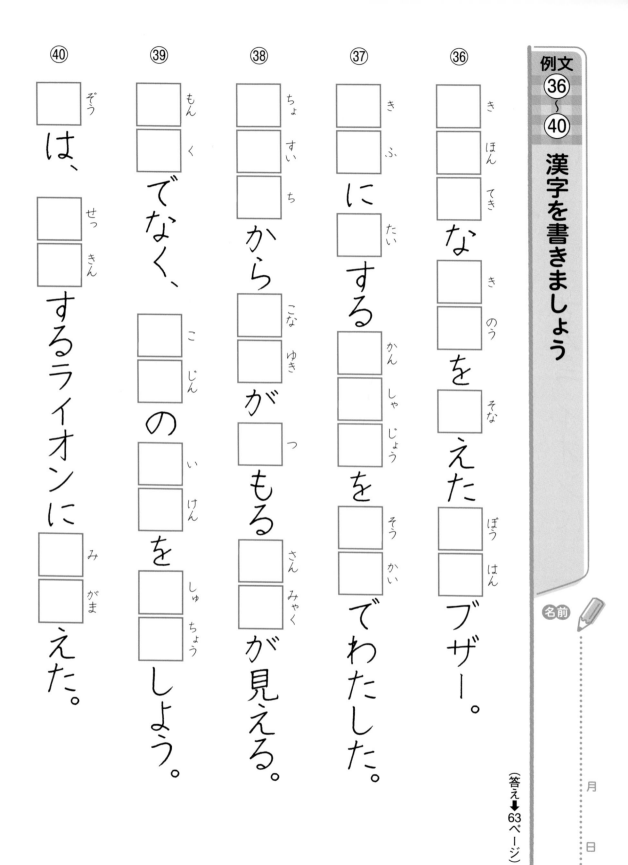

例文
㊶～㊺
文を三回読みましょう

名前

月　日

㊶ 桜《さくら》の枝《えだ》を折《お》ると、花弁《かべん》が散《ち》った。

㊷ お金《かね》を貸《か》した証明書《しょうめいしょ》を複写《ふくしゃ》した。

㊸ 高税率《こうぜいりつ》の責任《せきにん》を取《と》って大統領《だいとうりょう》は辞任《じにん》した。

㊹ 略図《りゃくず》の順序《じゅんじょ》で迷《まよ》わず先祖《せんぞ》の墓地《ぼち》へ。

㊺ 貿易《ぼうえき》で輸出《ゆしゅつ》が増加《ぞうか》し、余《あま》りがない。

例文 ㊶〜㊺

漢字をていねいになぞりましょう

名前

月　日

㊶ 桜《さくら》の枝《えだ》を折《お》ると、花《か》弁《べん》が散《ち》った。

㊷ お金を貸《か》した証《しょう》明《めい》書《しょ》を複《ふく》写《しゃ》した。

㊸ 高《こう》税《ぜい》率《りつ》の責《せき》任《にん》を取《と》って大《だい》統《とう》領《りょう》は辞《じ》任《にん》した。

㊹ 略《りゃく》図《ず》の順《じゅん》序《じょ》で迷《まよ》わず先《せん》祖《ぞ》の墓《ぼ》地《ち》へ。

㊺ 貿《ぼう》易《えき》で輸《ゆ》出《しゅつ》が増《ぞう》加《か》し、余《あま》りがない。

例文 41〜45

漢字に読みがなをつけましょう

名前

月　日

（答え⬇71ページ）

㊶ 桜の枝を折ると、花弁が散った。

㊷ お金を貸した証明書を複写した。

㊸ 高税率の責任を取って大統領は辞任した。

㊹ 略図の順序で迷わず先祖の墓地へ。

㊺ 貿易で輸出が増加し、余りがない。

例文 41～45

漢字のでき方を読みましょう

名前

月　日

【形声《けいせい》】

枝　えだ

枝分《えだわ》かれ

読《よ》み方《かた》を表《あらわ》す部分《ぶぶん》は「支《し》」。支《し》は枝《えだ》の元《もと》の字。支《し》を「ささえる・わける」の意味《いみ》に使《つか》うようになったので、木を付《つ》けて「枝《えだ》」とした。支《し》を含《ふく》む支・肢は「シ」と読《よ》む。

証　ショウ

証明《しょうめい》

読《よ》み方《かた》を表《あらわ》す部分《ぶぶん》は「正」。元《もと》の字は證《しょう》。證《しょう》は「あかし・しるし」の意味《いみ》。正を含《ふく》む正（正月）・証・政（摂政《せっしょう》）・症・鉦は「ショウ」と読《よ》む。

責　せ-める　セキ

失敗《しっぱい》を責《せ》める　責任《せきにん》

元《もと》の字は賫。読《よ》み方《かた》を表《あらわ》す部分《ぶぶん》は「朿」。責《せき》（）は、先のとがった木を税《ぜい》として納《おさ》める財物《ざいぶつ》（＝貝）にさして目印《めじるし》にしていたので、「税《ぜい》を取《と》り立てる・せめる・責任《せきにん》」の意味《いみ》。責《せき》を含《ふく》む積・績・蹟は「セキ」と読《よ》む。

祖　ソ

祖先《そせん》

読《よ》み方《かた》を表《あらわ》す部分《ぶぶん》は「且《そ》」。且《そ》はまな板《いた》。その上にお供《そな》えを並《なら》べて祭《まつ》ること。示（ネ）を加《くわ》えて、祭《まつ》られる者《もの》＝先祖《せんぞ》の意味《いみ》になった。且《そ》を含《ふく》む組・租・阻・狙・粗は「ソ」と読《よ》む。

増　ま-す　ふ-える　ゾウ

量《りょう》が増《ま》す　人口《じんこう》が増《ふ》える　増加《ぞうか》

読《よ》み方《かた》を表《あらわ》す部分《ぶぶん》は「曽《そう》」。曽《そう》は「かさなる」という意味《いみ》。「土」を積《つ》み重《かさ》ねるから、「ます・ふえる・ふやす」意味《いみ》になる。曽《そう》を含《ふく》む層・僧・贈は「ソウ（ゾウ）」と読《よ》む。

例文 ㊶〜㊺

漢字の練習をしましょう

名前

月　日

（答え⬇71ページ）

㊶ 桜《さくら》の□《えだ》を□《お》ると、花《か》弁《べん》が□《ち》った。

㊷ お金を貸《か》した□《しょう》□《めい》□《しょ》を複《ふく》写《しゃ》した。

㊸ 高《こう》税《ぜい》率《りつ》の□《せき》□《にん》を□《と》って□《だい》□《とう》□《りょう》は辞《じ》任《にん》した。

㊹ 略《りゃく》図《ず》の順《じゅん》序《じょ》で□《まよ》わず□《せん》□《ぞ》の墓《ぼ》地《ち》へ。

㊺ 貿《ぼう》易《えき》で□《ゆ》□《しゅつ》が増《ぞう》加《か》し、□《あま》りがない。

例文㊶～㊺

漢字の練習をしましょう

名前

月　日

（答え⬇71ページ）

㊶ □《さくら》の枝《えだ》を□《お》ると、□《か》□《べん》が散《ち》った。

㊷ お金を□《か》した証《しょう》明《めい》書《しょ》を□《ふく》□《しゃ》した。

㊸ □《こう》□《ぜい》□《りつ》の責《せき》任《にん》を□《と》って大《だい》統《とう》領《りょう》は□《じ》□《にん》した。

㊹ □《りゃく》□《ず》の□《じゅん》□《じょ》で迷《まよ》わず先《せん》祖《ぞ》の□《ぼ》□《ち》へ。

㊺ □《ぼう》□《えき》で輸《ゆ》出《しゅつ》が□《ぞう》□《か》し、余《あま》りがない。

例文 ㊶～㊺

漢字を書きましょう

名前

月　日

（答え↓71ページ）

㊶ □《さくら》の□《えだ》を□《お》ると、□《か》□《べん》が□《ち》った。

㊷ お金を□《か》した□《しょう》□《めい》□《しょ》を□《ふく》□《しゃ》した。

㊸ □《こう》□《ぜい》□《りつ》の□《せき》□《にん》を□《と》って□《だい》□《とう》□《りょう》は□《じ》□《にん》した。

㊹ □《りゃく》□《ず》の□《じゅん》□《じょ》で□《まよ》わず□《せん》□《ぞ》の□《ぼ》□《ち》へ。

㊺ □《ぼう》□《えき》で□《ゆ》□《しゅつ》が□《ぞう》□《か》し、□《あま》りがない。

例文㊶～㊺

漢字を書きましょう

名前

月　日

（答え➡71ページ）

㊶ □《さくら》の□《えだ》を□《お》ると、□《か》□《べん》が□《ち》った。

㊷ お金を□《か》した□《しょう》□《めい》□《しょ》を□《ふく》□《しゃ》した。

㊸ □《こう》□《ぜい》□《りつ》の□《せき》□《にん》を□《と》って□《だい》□《とう》□《りょう》は□《じ》□《にん》した。

㊹ □《りゃく》□《ず》の□《じゅん》□《じょ》で□《まよ》わず□《せん》□《ぞ》の□《ぼ》□《ち》へ。

㊺ □《ぼう》□《えき》で□《ゆ》□《しゅつ》が□《ぞう》□《か》し、□《あま》りがない。

例文 46～50

文を三回読みましょう

名前

月　日

㊻ 歴史上最古《れきしじょうさいこ》の木造建築《もくぞうけんちく》の中《なか》に仏像《ぶつぞう》がある。

㊼ 予備《よび》の工業団地分布図《こうぎょうだんちぶんぷず》を配《くば》った。

㊽ 食塩《しょくえん》の水《すい》よう液《えき》もこさに限度《げんど》がある。

㊾ 正義《せいぎ》に逆《さか》らうことは、賛同《さんどう》できない。

㊿ 低気圧《ていきあつ》が接近《せっきん》し、逆《ぎゃく》に高気圧《こうきあつ》が遠《とお》ざかる。

例文 ㊻～㊿

漢字をていねいになぞりましょう

名前

月　日

㊻ 歴史《れきし》上最古《じょうさいこ》の木造《もくぞう》建築《けんちく》の中に仏像《ぶつぞう》がある。

㊼ 予備《よび》の工業《こうぎょう》団地《だんち》分布図《ぶんぷず》を配《くば》った。

㊽ 食塩《しょくえん》の水《すい》よう液《えき》もこさに限度《げんど》がある。

㊾ 正義《せいぎ》に逆《さか》らうことは、賛同《さんどう》できない。

㊿ 低気圧《ていきあつ》が接近《せっきん》し、逆《ぎゃく》に高気圧《こうきあつ》が遠ざかる。

例文 ㊻〜㊿

漢字に読みがなをつけましょう

名前　　月　日

（答え⬇79ページ）

㊻ 歴史上最古の木造建築の中に仏像がある。

㊼ 予備の工業団地分布図を配った。

㊽ 食塩の水よう液もこさに限度がある。

㊾ 正義に逆らうことは、賛同できない。

㊿ 低気圧が接近し、逆に高気圧が遠ざかる。

例文46〜50　漢字のでき方を読みましょう

※漢字《かんじ》は、長《なが》い間《あいだ》に読《よ》み方《かた》や形《かたち》が変《か》わることがあります。それで少《すこ》し難《むずか》しい説明《せつめい》になることがあります。

名前

月　日

【形声《けいせい》】

像　ゾウ　仏像《ぶつぞう》

読《よ》み方《かた》を表《あらわ》す部分《ぶぶん》は「象《ぞう》」。像《ぞう》は、「形式《けいしき》・かた・手本《てほん》・かたち・すがた」の意味《いみ》。

備　そな-える　ビ　台風《たいふう》に備《そな》える　準備《じゅんび》

元《もと》の字は備《び》。読《よ》み方《かた》を表《あらわ》す部分《ぶぶん》は「葡《び》」。備《び》は人が葡《び》（矢《や》を入れる箱形《はこがた》の武具《ぶぐ》）を背負《せお》っている形《かたち》（備）。それで戦《たたか》いに「そなえる」という意味《いみ》。

液　エキ　液体《えきたい》

読《よ》み方《かた》を表《あらわ》す部分《ぶぶん》は「夜《や》」。昔《むかし》、夜《や》を「エキ」と読《よ》む場合《ばあい》があったことから、樹液《じゅえき》のように中からにじみ出てくるような水分《すいぶん》を表《あらわ》す字になった。

逆　さか　さか-らう　ギャク　逆立《さかだ》ち　親《おや》に逆《さか》らう　逆境《ぎゃっきょう》

読《よ》み方《かた》を表《あらわ》す部分《ぶぶん》は「屰《ぎゃく》」。屰《ぎゃく》（屰）は人が立っている形《かたち》を逆《さか》さまにして、向《む》こうから来《く》る人を上から見た形《かたち》。⻌（進《すす》む）とは逆《ぎゃく》なので、道理《どうり》に反《はん》することを逆《ぎゃく》という。「さからう・方向《ほうこう》などが反対《はんたい》」の意味《いみ》でも使《つか》う。

接　セツ　接着《せっちゃく》

読《よ》み方《かた》を表《あらわ》す部分《ぶぶん》は「妾《しょう》」。接《せつ》は特別《とくべつ》な読《よ》み方《かた》で「ショウ」と読《よ》むこともある。妾は、額《ひたい》に入れ墨《ずみ》をした神《かみ》に仕《つか》える女のこと。それに手（扌）を付《つ》けて神《かみ》に接《せっ》する女の意味《いみ》になり、のちに「もてなす＝接待《せったい》・近付《ちかづ》く＝接近《せっきん》・つなぎ合《あ》わせる＝接合《せつごう》」などの意味《いみ》になった。

例文 ㊻〜㊿ 漢字の練習をしましょう

名前

月　日

（答え➡79ページ）

㊻ 歴《れき》史《し》上《じょう》最《さい》古《こ》の□《もく》□《ぞう》建《けん》築《ちく》の中に□《ぶつ》□《ぞう》がある。

㊼ 予《よ》備《び》の□《こう》□《ぎょう》□《だん》□《ち》分《ぶん》布《ぷ》図《ず》を□《くば》った。

㊽ □《しょく》□《えん》の□《すい》よう□《えき》もこさに限《げん》度《ど》がある。

㊾ 正《せい》義《ぎ》に逆《さか》らうことは、□《さん》□《どう》できない。

㊿ 低《てい》気《き》圧《あつ》が□《せっ》□《きん》し、□《ぎゃく》に高《こう》気《き》圧《あつ》が遠ざかる。

例文㊻～㊿

漢字の練習をしましょう

名前

月　日

（答え↓79ページ）

㊻ □《れき》□《し》□《じょう》□《さい》□《こ》の木《もく》造《ぞう》□《けん》□《ちく》の中に仏《ぶつ》像《ぞう》がある。

㊼ □《よ》□《び》の工《こう》業《ぎょう》団《だん》地《ち》□《ぶん》□《ぷ》□《ず》を□《くば》った。

㊽ 食《しょく》塩《えん》の□《すい》よう液《えき》もこさに□《げん》□《ど》がある。

㊾ □《せい》□《ぎ》に□《さか》らうことは、賛《さん》同《どう》できない。

㊿ □《てい》□《き》□《あつ》が接《せっ》近《きん》し、逆《ぎゃく》に□《こう》□《き》□《あつ》が遠ざかる。

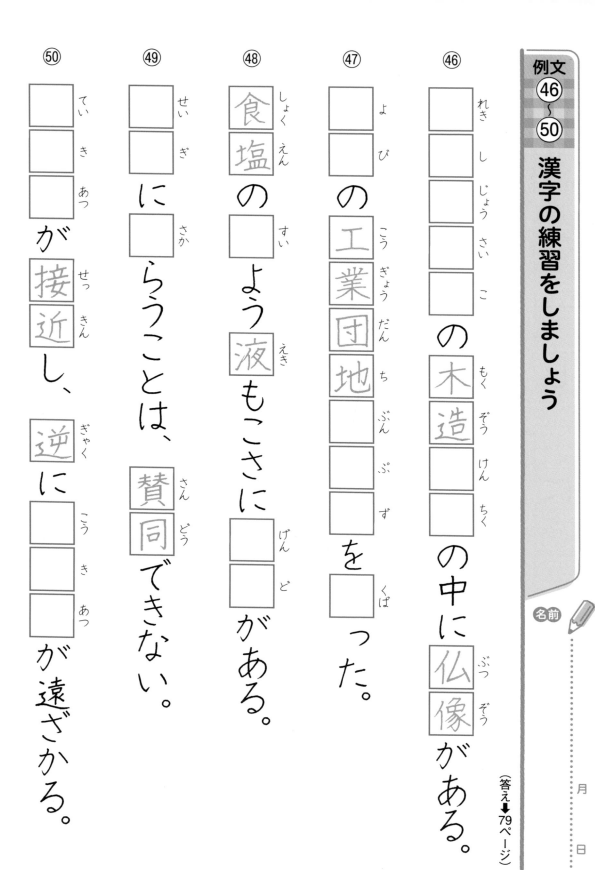

例文 ㊻～㊿

漢字を書きましょう

（答え➡79ページ）

名前

月　日

㊻ □《れき》□《し》□《じょう》□《さい》□《こ》の□《もく》□《ぞう》□《けん》□《ちく》の中に□《ぶつ》□《ぞう》がある。

㊼ □《よ》□《び》の□《こう》□《ぎょう》□《だん》□《ち》□《ぶん》□《ぷ》□《ず》を□《くば》った。

㊽ □《しょく》□《えん》の□《すい》よう□《えき》もこさに□《げん》□《ど》がある。

㊾ □《せい》□《ぎ》に□《さか》らうことは、□《さん》□《どう》できない。

㊿ □《てい》□《き》□《あつ》が□《せっ》□《きん》し、□《ぎゃく》に□《こう》□《き》□《あつ》が遠ざかる。

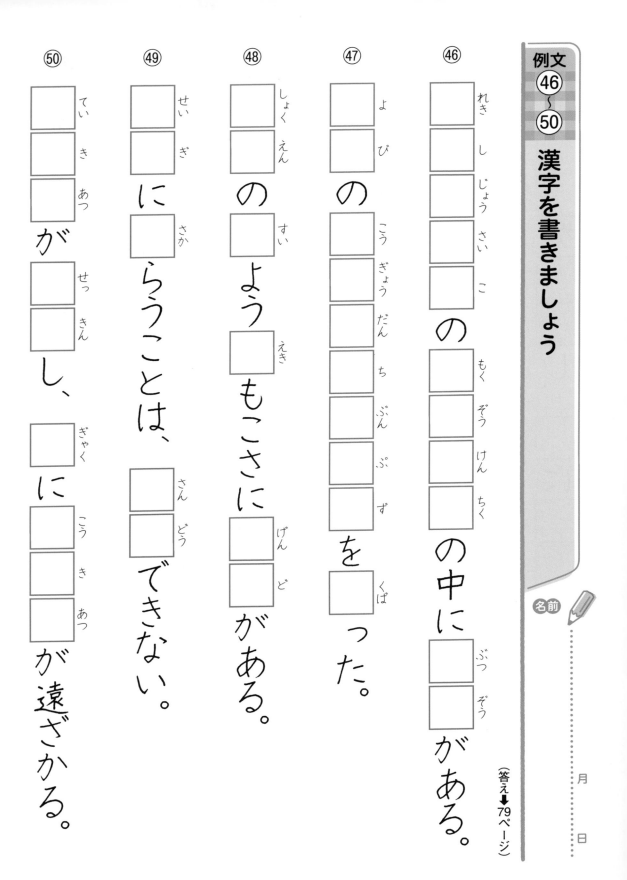

例文㊻〜㊿

漢字を書きましょう

名前

月　日

（答え↓79ページ）

㊻ □《れき》□《し》□《じょう》□《さい》□《こ》の□《もく》□《ぞう》□《けん》□《ちく》の中に□《ぶつ》□《ぞう》がある。

㊼ □《よ》□《び》の□《こう》□《ぎょう》□《だん》□《ち》□《ぶん》□《ぷ》□《ず》を□《くば》った。

㊽ □《しょく》□《えん》の□《すい》よう□《えき》もこさに□《げん》□《ど》がある。

㊾ □《せい》□《ぎ》に□《さか》らうことは、□《さん》□《どう》できない。

㊿ □《てい》□《き》□《あつ》が□《せっ》□《きん》し、□《ぎゃく》に□《こう》□《き》□《あつ》が遠ざかる。

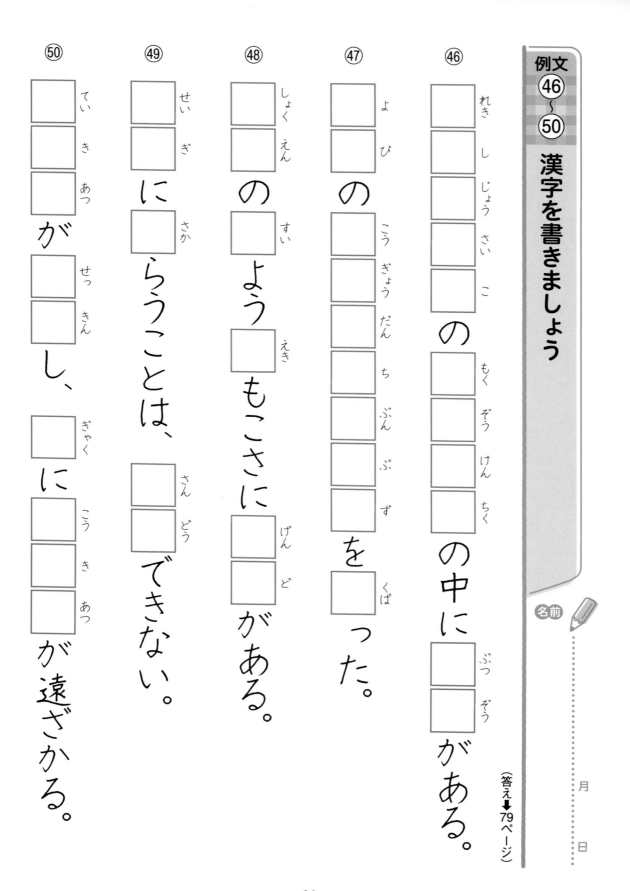

五年生のまとめ(1)

□に漢字を書きましょう

名前

月　日

(答え➡95ページ)

① □□□□《こくさいぼうえき》で□□《ほうふ》な□□《りえき》を□□《かくほ》。

② □□□《むきょか》の□□□□《いしょくしゅじゅつ》で□□《きょうじゅ》が□□《しゃざい》。

③ □□□□□《ていきあつせっきん》□□《せいりょく》は強まると□□《よそく》。

④ 人気の本□□《ぞくへん》□□□《しょうせつか》の□□《そしつ》十分。

⑤ □□《ふくざつ》な□□《しつもん》に□□《めいかい》に答える□□《こうし》。

五年生のまとめ⑵

□に漢字を書きましょう

① □□□□《えいきゅうへいわ》を□□《ていあん》の□□□《だいとうりょう》を□□《ごえい》。

② □□□《どうこうせき》を□□《せいせい》し、□《た》の□□《きんぞく》も□□《さいしゅ》。

③ □□《どくりつ》し□□□□《こじんけいえい》□□《きじゅん》より□□□《こうじょうけん》。

④ □□《こっきょう》で□□《ぶき》□□□□《ぼうはつじこ》□□□□《げんいんかいめい》。

⑤ □□□《こうしゃない》□□□□《ぼうさいびひん》の□□□□《ざいこかんり》は□□《じょうしき》。

名前

月　日

（答え⬇95ページ）

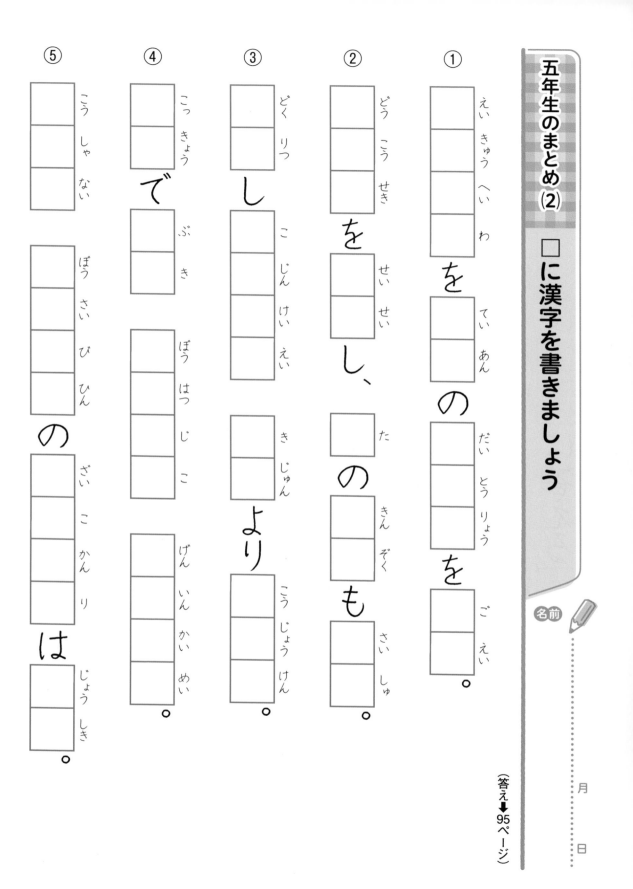

五年生のまとめ (3)

□に漢字を書きましょう

名前

月　日

(答え↓95ページ)

① □□□《めんおりもの》□□《ゆにゅう》が□□《げんかい》□□《こうがく》な□□《じょうたい》。

② □□□《しぼうこう》□□□《こうかいし》を□□《ゆめみ》て□□□《さいじゅけん》。

③ □□《ひょうばん》の□□《えんぎ》に□《まよ》わず□□《ぜっさん》□□□《しょうたいきゃく》。

④ □□《ふさい》で□□《せんぞ》の□□《はかまい》り□□□《しんかんせん》で□□《おうふく》。

⑤ □《けわ》しい山道□□□□《ふっきゅうこうじ》に□□□□《しきんきふ》。

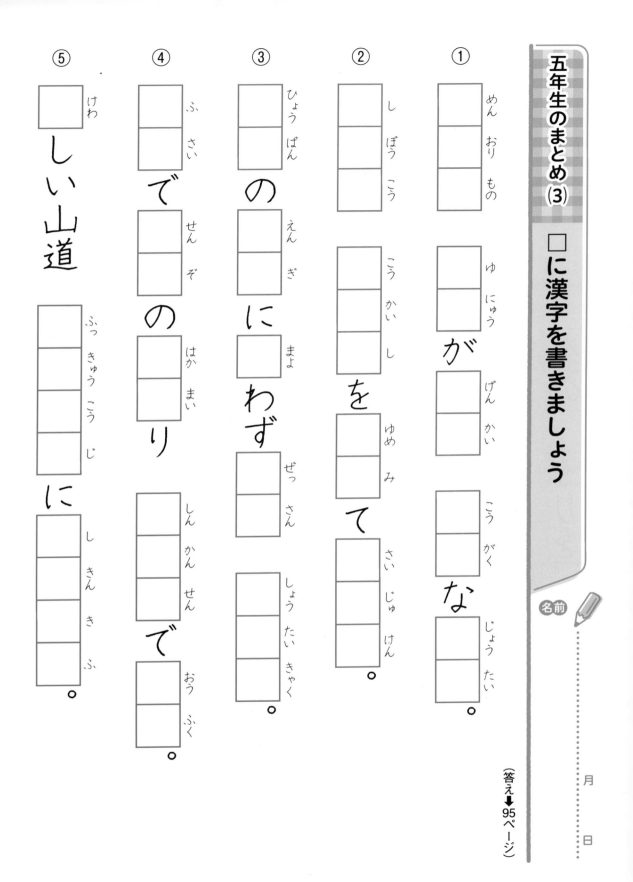

五年生のまとめ⑷

□に漢字を書きましょう

名前

月　日

（答え➡95ページ）

① □《さん》□《せい》□《う》　□《うん》□《が》で□《けん》□《さ》や□《げん》□《しょう》□《ちょう》□《さ》。

② □《しょう》□《ひ》□《ぜい》□《りつ》が上がり□《し》□《しゅつ》が□《ふ》える。

③ □《ふ》□《じん》□《ふく》□《てん》の□《せき》□《にん》□《しゃ》　□《そん》□《しつ》□《ぞう》□《か》で□《べん》□《かい》。

④ □《ざい》□《せい》が□《まず》しくも□《がっ》□《こう》□《せつ》□《りつ》　□《せい》□《ふく》も□《けっ》□《てい》。

⑤ □《さくら》に□《ひ》□《りょう》　□《どう》々《どう》の□《えだ》ぶりを□《よろこ》ぶ。

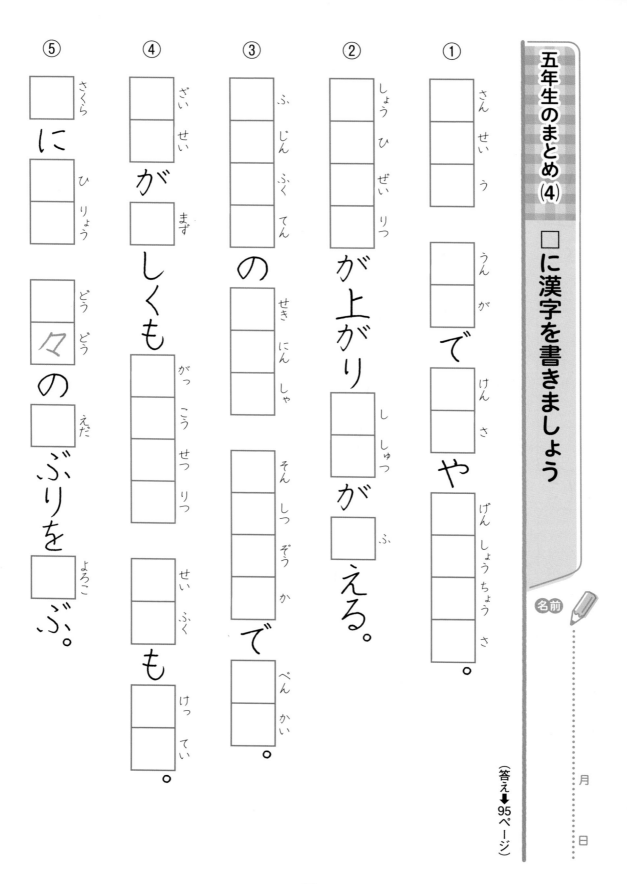

五年生のまとめ(5)

□に漢字を書きましょう

名前

月　日

(答え↓95ページ)

① お□《ことわ》り、□□《ひこう》や□□《はんざい》に□《に》た□□《にんむ》。

② □□□《おうせつしつ》で□□□□《そうりだいじん》に□□《ほうこく》する。

③ □□《じゅんじょ》よく見学□□《こんざつ》の□□□□□《れきしてきぶつぞう》。

④ □《うし》の□□《しりょう》□□《せいぞう》に□□《さいてき》な□□《こうてい》。

⑤ □□《きょうみ》ある□□□《かんようく》・□□《りゃくご》□□□□《ないようたいひ》。

五年生のまとめ⑹

□に漢字を書きましょう

名前

月　日

（答え⬇96ページ）

①　□□《かせつ》立て□□《れいじ》し□□《しょうめい》答えを□《みちび》く。

②　□□《しょくいん》で□□《だんけつ》□□《きゅうぎ》は□□□《こうせいせき》。

③　□□□□《しゅうがくりょこう》□□□《きそくやぶ》りの□□□□《こうどうきんし》。

④　□□《ふけつ》な□□□□《えきたいこんにゅう》□□□《こむぎこ》□□□□《しゅっかていし》。

⑤　□□□□《かかくへんどう》□□《しょとく》と□□《ちょきん》が□□《ぞうげん》。

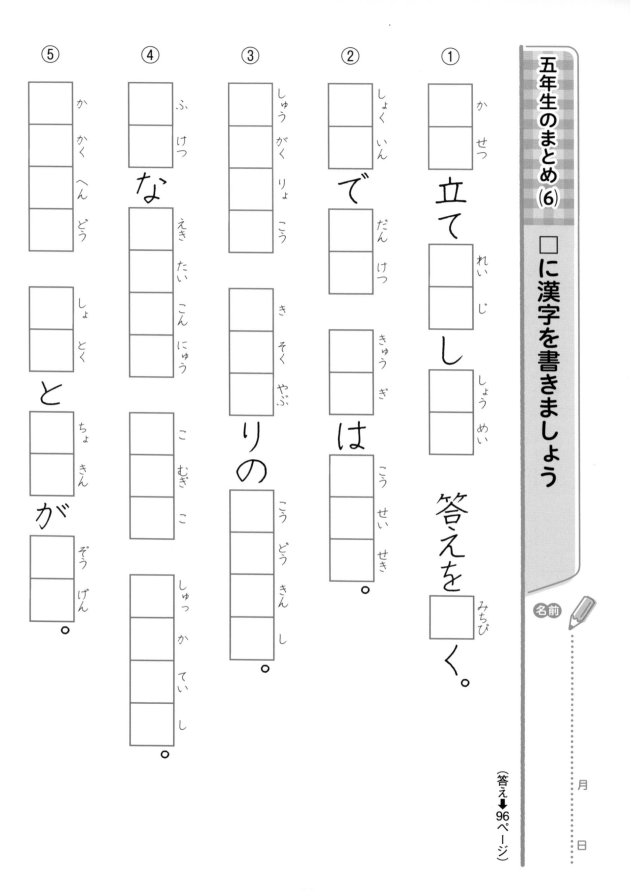

五年生のまとめ⑺

□に漢字を書きましょう

名前

月　日

（答え↓96ページ）

① □《さん》□《みゃく》に□《かこ》まれた□《と》□《ち》で□《た》□《はた》を□《たがや》す。

② □《さっ》□《ぷう》□《けい》な□《へ》□《や》に□《しょう》□《じょう》をかざる□《がん》□《か》□《い》。

③ □《あつ》い□《こおり》が□《は》り、□《よ》□《けい》に□《つか》う□《ねん》□《りょう》。

④ □《じん》□《めい》□《きゅう》□《じょ》の□《い》□《ぎ》を□《き》□《じゅつ》した□《ゆう》□《かん》。

⑤ □《へい》□《きん》上回る□《か》し□《だ》し□《せ》□《かい》□《りょ》□《こう》の□《き》□《こう》□《ぶん》。

五年生のまとめ⑻

□に漢字を書きましょう

名前

月　日

① □《かい》□《ちく》した□《じゅう》□《きょ》に□《りゅう》□《がく》□《せい》が入る。

② □《どう》□《はん》□《が》の□《こう》□《ず》と□《ぎ》□《のう》を高く□《ひょう》□《か》。

③ 自分で□《はん》□《だん》できる□《じょう》□《ほう》と□《ち》□《しき》を。

④ □《か》□《こ》に行った□《けつ》□《えき》□《がた》の□《ぶん》□《ぷ》の□《ちょう》□《さ》。

⑤ □《む》□《どく》を□《ゆう》□《どく》にする□《ぎゃく》□《こう》□《か》の□《じっ》□《けん》。

（答え↓96ページ）

答え

〈まとめ(1) 87ページ〉

① 国際貿易　豊富　利益　確保
② 無許可　移植手術　教授　謝罪
③ 低気圧接近　勢力　予測
④ 続編　小説家　素質
⑤ 複雑　質問　明快　講師

〈まとめ(2) 88ページ〉

① 永久平和　提案　大統領　護衛
② 銅鉱石　精製　他　金属　採取
③ 独立　個人経営　基準　好条件
④ 国境　武器　暴発事故　原因解明
⑤ 校舎内　防災備品　在庫管理　常識

〈まとめ(3) 89ページ〉

① 綿織物　輸入　限界　高額　状態
② 志望校　航海士　夢見　再受験
③ 評判　演技　迷　絶賛　招待客
④ 夫妻　先祖　墓参　新幹線　往復
⑤ 険　復旧工事　資金寄付

〈まとめ(4) 90ページ〉

① 酸性雨　運河　検査　現象調査
② 消費税率　支出　増
③ 婦人服店　責任者　損失増加　弁解
④ 財政　貧　学校設立　制服　決定
⑤ 桜　肥料　堂々　枝　喜

〈まとめ(5) 91ページ〉

① 断　非行　犯罪　似　任務
② 応接室　総理大臣　報告
③ 順序　混雑　歴史的仏像
④ 牛　飼料　製造　最適　工程
⑤ 興味　慣用句　略語　内容対比

〈まとめ(6) 92ページ〉
① 仮説 例示 証明 導
② 職員 団結 球技 好成績
③ 修学旅行 規則破 行動禁止
④ 不潔 液体混入 小麦粉 出荷停止
⑤ 価格変動 所得 貯金 増減

〈まとめ(7) 93ページ〉
① 山脈 囲 土地 田畑 耕
② 殺風景 部屋 賞状 眼科医
③ 厚 氷 張 余計 使 燃料
④ 人命救助 意義 記述 夕刊
⑤ 平均 貸 出 世界旅行 紀行文

〈まとめ(8) 94ページ〉
① 改築 住居 留学生
② 銅版画 構図 技能 評価
③ 判断 情報 知識
④ 過去 血液型 分布 調査
⑤ 無毒 有毒 逆効果 実験

【参考資料】

＊本書の漢字解説は以下の資料を参考にさせていただきました。

『インデックスフォント今昔文字鏡プロフェッショナル版』（紀伊國屋書店）
『漢字のなりたち物語』阿辻哲次（講談社）
『漢字の字源』阿辻哲次（講談社）
『漢字の謎解明講座』（日本漢字検定協会）
『漢字百話』白川静（中央公論新社）
『ことばのしるべ』（学校図書）
『字通』白川静（平凡社）
『字統』白川静（平凡社）
『常用字解』白川静（平凡社）
『白川静『文字講話』シリーズ』監修白川静（文字文化研究所）
『白川静式小学校漢字字典』小寺誠（フォーラム・A）
『新潮日本語漢字辞典』（新潮社）
『青銅器の世界』パンフレット（白鶴美術館）
『説文解字』許真（中国書店印影本）
『例解小学漢字辞典』（三省堂）
『Ｓｕｐｅｒ日本語大辞典全ＪＩＳ漢字版』（学習研究社）